Inhalt

Das Buch

»Der Mann auf der Leinwand ritt auf einem Pferd und wurde Jesse James genannt. Das waren wohl die einzigen Ähnlichkeiten mit meinem Großvater.« Diese Sätze, gesprochen von der Enkelin des berühmten Outlaws nach der Premiere des ersten Jesse-James-Films, sind bezeichnend nicht erst für den größten Teil der einschlägigen Hollywood-Produktion; sie gelten auch für das Geschäft mit der Legende, das schon zu Lebzeiten der »Helden« betrieben wurde – im Showgeschäft, in Zeitungsartikeln, vor allem aber in Form der »Dime Novels«. Diese von Schnellschreibern verfaßten Groschenhefte mit phantasievoll ausgeschmückten Abenteuergeschichten aus dem Wilden Westen, deren Auflagenhöhe teilweise in die Hunderttausende ging, leisteten einen nachhaltigen Beitrag zur Legendenbildung. Abgesehen davon, daß einige Revolvermänner selbst wirksam, wenn auch selten der Wahrheit entsprechend, ihren Ruhm zu verkünden wußten. Hans C. Blumenberg geht den aus Kino und Fernsehen gewohnten Heldenmärchen auf den Grund. Und diese mit psychologischen, soziologischen und historischen Details angereicherten Kurzbiographien einiger »klassischer« Figuren ergeben ein wenig rühmliches Bild jener Männer, die in den meisten Fällen nicht mehr als gewöhnliche Diebe und Mörder waren. Amüsant und informativ wird die schöne Illusion vom romantischen Wilden Westen in ihre Bestandteile zerlegt. Daß man die Legenden trotzdem lieben kann, zeigt Samuel Fuller in seinem Nachwort.

Der Autor

Hans C. Blumenberg wurde 1947 in Lychen (Mark Brandenburg) geboren, ging in Bremen zur Schule und studierte nach dem Abitur in Köln Geschichte und Germanistik. Gegenwärtig arbeitet er an seiner Dissertation, ist Mitarbeiter verschiedener Zeitungen (z. B. des ›Kölner Stadt-Anzeigers‹ und der ›Zeit‹) und hat für das dritte Fernsehprogramm des WDR insgesamt elf Fernsehfilme gemacht, darunter eine achtteilige Serie über Hollywood. Weitere Buchveröffentlichungen: ›Film positiv. Regisseure, Stars und Technik‹ (1968), ›Meister der perfekten Form. Die Aufgaben des Industrie-Designers‹ (1969) und ›Sport im Spielfilm‹ (1970).

Hans C. Blumenberg:
Wanted
Steckbriefe aus dem Wilden Westen

Mit einem Nachwort von Samuel Fuller

Deutscher
Taschenbuch
Verlag

dtv

Für diese Ausgabe ist die Filmographie im Anhang auf den Stand von Anfang 1973 gebracht worden. Sehr herzlich danke ich meinem Freund Samuel Fuller für seinen Beitrag, den er eigens für diese Taschenbuch-Ausgabe geschrieben hat.
Dieses Buch ist für meine Eltern.

H.C.B.

September 1973
Deutscher Taschenbuch Verlag GmbH & Co. KG,
München

Umschlaggestaltung: Celestino Piatti
Fotos: Bildarchiv Leander Kaufmann, W · A · C, München
Gesamtherstellung: C. H. Beck'sche Buchdruckerei,
Nördlingen
Printed in Germany · ISBN 3-423-00933-0

»Er konnte nicht schnell genug schießen...«
Eine notwendige Vorbemerkung

Wer waren sie, die Männer, die dem »wilden« Westen zu seinem Beinamen verholfen haben?

Sie hießen zum Beispiel Jesse Woodson James, Wyatt Stapp Earp, William H. Bonney und James Butler Hickok. Die wenigsten von ihnen wurden alt, aber ihre Legenden haben sie überlebt. Man bewunderte ihren Mut. Man fürchtete ihre Schnelligkeit. Man verglich sie mit Robin Hood und Schinderhannes. Sie wurden zu Symbolen einer Epoche.

Sie machten nur Geschichten, keine Geschichte. Es waren andere Männer, die den Westen eroberten, Männer, deren Namen man vergessen hat: Siedler, Soldaten, Ingenieure, Arbeiter. Kaum einem von ihnen wurde so dauerhafter Ruhm zuteil wie den Banditen und Revolvermännern vom Schlage der James und Earp, deren Legenden noch heute lebendig sind. Warum der Ruhm, warum die Legenden?

Schon ihre Zeitgenossen begannen, die Outlaws und Gunfighter des Westens zu mythischen Gestalten zu stilisieren. »Dime Novels« und Zeitungsartikel berichteten von ihren Abenteuern. Den Menschen in den fernen Großstädten des Ostens galten sie als Verkörperung des ungebundenen romantischen Lebens im Westen. Die »Frontier« schob sich immer weiter in den Westen vor, wurde immer unerreichbarer und exotischer für die abenteuerdurstigen Massen in New York, Boston, Philadelphia, Detroit und Pittsburgh.

Während sie sich bereits mit den Auswirkungen der industriellen Revolution auseinandersetzen mußten, wurden im fernen Westen die Probleme noch mit Faust und Revolver gelöst: Eine faszinierende Vorstellung, die romantische Legenden produzierte. Man verlangte nach Helden, und man bekam sie geliefert. Das Geschäft mit dem Wilden Westen blühte bereits, als Billy the Kid und Jesse James noch lebten.

1890 wurde die »Frontier«, die nach Westen wandernde Grenzregion, offiziell geschlossen. Drei Jahre später veröffentlichte Frederick Jackson Turner sein Essay ›Die Bedeutung der Grenze in der amerikanischen Geschichte‹, in dem es heißt: »Der wahre Gesichtspunkt, von dem aus die Geschichte dieser Nation betrachtet werden muß, ist nicht die atlantische Küste, es ist der weite Westen.«

Der Westen mit seinen Cowboys, Sheriffs und Outlaws gilt noch heute weithin als das eigentliche, das unverfälschte, das »richtige« Amerika. Von Bret Harte und Frederick Remington bis Ernest Haycox und John Ford haben ihn Dichter, Maler und Filmregisseure »besungen«.

Die Schwierigkeiten, über den Westen, hier also über seine Outlaws und Gunfighter, wissenschaftlich annähernd exakt zu berichten, sind nach wie vor groß. Frank C. Lockwood bemerkte schon 1892: »Zwei Wesenszüge scheinen allen Tatmenschen der Anfangszeit gemeinsam gewesen zu sein: unverzagte Bravour und völlige Unfähigkeit, über irgendein Geschehnis von Bedeutung übereinstimmend zu berichten. Es ist, als ob sie sich richtig verschworen hätten, daß zwei Augenzeugen niemals über wesentliche Umstände eines Vorgangs einig sein dürften.«

Viele Berühmtheiten halfen ihrer eigenen Legende kräftig nach, indem sie entweder selbst zur Feder griffen wie Pat Garrett – mit Ashmun Upsons Hilfe – und John Wesley Hardin oder gutgläubigen Journalisten von unglaublichen Taten berichteten wie Wild Bill Hickok und Wyatt Earp. Die historische Wahrheit verschwand allmählich unter einem Gestrüpp von Lügen und Halbwahrheiten, bis sie im 20. Jahrhundert nach und nach an den Tag kam.

Dieses Buch erzählt die wahre Geschichte einiger der bekanntesten Outlaws und Gunfighter des Westens. Und man wird sehen, daß, wo Legende und Wirklichkeit kollidieren, die schönen Illusionen vom romantischen Wilden Westen auf der Strecke bleiben.

Kein amerikanischer Robin Hood, kein Schinderhannes des Westens, kein Rächer der Enterbten, kein Freund der Witwen und Waisen war dabei: Es waren kaltblütige Banditen, neurotische Killer und zwielichtige Gesetzeshüter, denen postum ein Platz im nationalen Pantheon zugewiesen wurde.

Zwei Gruppen gilt es zu unterscheiden: Da sind einmal die Outlaws, die außerhalb des Gesetzes stehenden Banditen und Desperados. Zu dieser Gruppe gehören etwa Jesse James, Sam Bass, Wes Hardin, Apache Kid und Black Bart alias Charles E. Bolton.

Die zweite Gruppe besteht aus Revolvermännern – man nannte sie Gunfighter –, die mal auf der Seite des Gesetzes, mal auf der Seite des Verbrechens standen. Hierher gehören Wild Bill Hickok, mutmaßlicher Mörder und Marshal von Abilene, sowie Wyatt Stapp Earp, der zwielichtige Held des Gefechts am O.-K.-Corral von Tombstone. Auch Roy Bean, das »Gesetz westlich des Pecos«, gehört insofern zu der zweiten Gruppe, als er zwar einerseits Richter war, seine Vergangenheit und seine Urteilssprüche ihn aber andererseits eher als Kriminellen auswiesen.

Die Blütezeit der Outlaws begann 1848 mit dem Goldrausch in Kalifornien. In den »Mining Camps« der Goldsucher tauchten Abenteurer und Kriminelle aus allen Teilen des Landes auf, Männer, deren einziger Ehrgeiz es war, möglichst schnell und mühelos reich zu werden. Überfälle auf einsam gelegene Camps und Goldtransporte zur Küste waren an der Tagesordnung. Joaquin Murieta wurde zum berüchtigtsten und zugleich geheimnisumwittertsten Banditen jener Tage.

Aber nicht allein Gewaltverbrechen kennzeichneten die Kriminalität während des ersten Goldrausches, sondern auch und zumal Betrügereien von erstaunlichem Erfinderreichtum. Besonderer Beliebtheit erfreute sich das sogenannte »Salzen« von Minen: Man versteckte kleine Mengen des begehrten Metalls in einem Schacht und machte potentielle Käufer auf diese Weise glauben, es handele sich um eine besonders wertvolle Mine. Die Käufer merkten den Betrug gewöhnlich erst, wenn der Schwindler längst über alle Berge war.

Parallel zu der vom Goldrausch ausgelösten wachsenden Kriminalität traten auch die ersten »Committees of Vigilance« in Aktion, straff organisierte Selbsthilfe-Organisationen tatkräftiger Bürger, die das Verbrechertum auf eigene Faust bekämpften, wo die staatlichen Ordnungskräfte zu schwach waren. Häufig freilich nutzten die »Vigilantes« ihre Organisationen zu privaten Racheakten.

Die Goldfunde in Kalifornien standen nur am Anfang einer ganzen Reihe von »Mining Rushes« im amerikanischen Westen. Und überall, wo Gold und Silber gefunden wurde, wucherte das Verbrechen.

Dem Boom am Pazifik folgten Funde in Colorado und die Entdeckung der berühmten »Comstock Lode« in Nevada. Manche Städte gelangten zu traurigem Ruhm, so Virginia City in Nevada, Deadwood in den Black Hills von South Dakota, das in den siebziger Jahren seine große Zeit erlebte, und Tombstone, Arizona, in den frühen achtziger Jahren Zentrum eines großen Silbervorkommens.

Das übliche Schicksal unvorsichtiger Miner kommentierte

ebenso lakonisch wie treffend eine Grabinschrift auf dem Friedhof von Virginia City:

He had sand in his craw
But was slow on the draw
So we planted him under the daisies

(Frei übersetzt: Er hatte Gold gefunden, aber konnte nicht schnell genug schießen. Deshalb haben wir ihn begraben.)

1858 und 1871 bildeten sich auch in Nevada Vigilance Committees, ebenso wie in Montana, das zwischen 1862 und 1876 den Höhepunkt eines Gold- und Silberrausches mitsamt der fast zwangsläufig dazugehörigen Kriminalität erlebte.

Der bekannteste Outlaw von Montana, Henry Plummer, brachte es bis zum legal gewählten Sheriff von Bannack, bevor er von Vigilantes aufgehängt wurde. Allein das Vigilance Committee von Helena hängte dreizehn Männer ohne Urteil.

Mit den zahlreichen »Mining Rushes« sind auch Namen wie Wild Bill Hickok, Calamity Jane und Wyatt Earp verbunden. Letzterer tauchte noch Ende der neunziger Jahre beim Klondike-Goldrausch in Alaska auf, dem abschließenden Höhepunkt der Edelmetallfunde.

Doch nicht allein die »Mining Rushes« bewirkten den spektakulären Aufstieg der berühmten Gunfighter und Outlaws. Eine nicht weniger wichtige Rolle spielten in diesem Zusammenhang der Bürgerkrieg und die vorangegangenen Auseinandersetzungen um Kansas.

Durch die Schule des blutigen Grenzkrieges zwischen Kansas und Missouri gingen Wild Bill Hickok, Frank und Jesse James sowie ihr späterer Partner Cole Younger. Hickok kämpfte für ein sklavenfreies Kansas, während die James-Brüder und Cole Younger den Guerilla-Banden aus Missouri angehörten, die unter dem Befehl so berüchtigter Männer wie Quantrill und Anderson standen.

Später rechtfertigte Jesse James sein kriminelles Treiben mit dem Hinweis auf die Niederlage des Südens und die Unterdrückung durch die siegreichen Yankees. Und auch wenn dies sicherlich nicht der einzige Grund für das Entstehen der James-Bande war, so ist andererseits doch sicher, daß der Bürgerkrieg mit seinen Folgen viele Männer im Süden entwurzelte. Jesse James, der beim Ausbruch des Bürgerkrieges 13 Jahre alt war, hatte nichts gelernt außer Morden und Plündern. Freilich hat der

Bürgerkrieg nicht ursächlich Jesses kriminelle Laufbahn bewirkt, sondern nur bereits latent vorhandene Anlagen freigelegt. Wäre es anders, so hätte die gesamte konföderierte Armee zu einer Outlaw-Bande werden müssen.

Auch John Wesley Hardin, der texanische Killer, pflegte für seine Taten letztlich die Yankees verantwortlich zu machen. Als er kurz nach dem Bürgerkrieg einen Neger getötet hatte, floh er vor der »Ungerechtigkeit« der von Nordstaatlern beherrschten Justiz, die ihn mit Sicherheit verurteilt hätte. Diese Episode stand am Anfang seiner blutigen Laufbahn. Und auch auf sie hätte Jesse James' berühmter Satz gepaßt: »They drove us to it« (Sie trieben uns dazu). Indessen kann man Hardins moralisierender Autobiographie ebenso wenig trauen wie den Lippenbekenntnissen eines Jesse James. Ob die beiden auch zu Outlaws geworden wären, wenn es keinen Bürgerkieg gegeben hätte, läßt sich natürlich nicht mit Sicherheit sagen.

Auch die Entwicklung neuer Transportmittel trug zur Ausbreitung des Verbrechens bei. Zwar waren schon die Kutschen der Wells Fargo häufig beraubt worden, aber erst die Eisenbahnen verhießen unternehmungslustigen Outlaws wirklich lohnende Profite. Dem Beispiel der Reno-Bande, die am 6. Oktober 1866 den ersten Zugüberfall der amerikanischen Geschichte beging, folgten in den nächsten Jahrzehnten eine Vielzahl anderer Outlaws, darunter Jesse James und Sam Bass. Der Traum vom »quick money«, vom schnell und mühelos verdienten Geld, ließ sie Schienen aus der Erde reißen und ganze Waggons in die Luft sprengen.

Die Weidekriege des Südwestens waren ein weiteres Betätigungsfeld der Outlaws. Bei den Viehzüchterfehden in Texas, New Mexico und Arizona »arbeiteten« junge Revolverhelden als bezahlte Killer, so Wes Hardin bei der Sutton-Taylor-Fehde in Texas und William H. Bonney alias Billy the Kid beim »Lincoln Country War« in New Mexico.

Ebenfalls zu den typischen Delikten aus der Umwelt der Viehzüchter und Cowboys gehörten die zahlreichen Viehdiebstähle, bei denen häufig ganze Herden abhanden kamen. Auf diesem Gebiet taten sich etwa Billy the Kid und die Clanton-Gang aus Arizona hervor.

Die »Cattle Towns« von Kansas sahen in den siebziger Jahren die spektakulärste Ansammlung berühmter Revolvermänner. Von James Butler Hickok bis Wyatt Earp, von Bat Masterson bis Ben Thompson, von Zoe A. Tilghman bis Wes Hardin kämpften sie teils für, teils gegen das Gesetz, wobei sich die Unterschiede häufig verwischten.

Auch das letzte große Kapitel der Outlaw-Geschichte des Westens hat mit dem Vieh zu tun. Nach der Krise von 1883 sammelten sich arbeitslose Cowboys, Revolvermänner und Viehdiebe in großen Banden, die von unwegsamen Verstecken wie dem »Hole in the Wall« in Wyoming aus operierten. Aus ihnen rekrutierte sich schließlich auch der »Wild Bunch«, die letzte bedeutende Verbrecherorganisation des Westens im 19. Jahrhundert, zugleich die Vorwegnahme der Banden der zwanziger Jahre in Chicago und New York. Männern wie Butch Cassidy, Kid Curry, Tom Horn und dem »Sundance Kid« ging vollends jene romantische Aura ab, mit der die Outlaws und Gunfighter früherer Jahre umgeben worden waren. Ihre Geschichte, deren blutige Spur bis nach Südamerika reichte, gehört nicht hierher. Sie müßte am Anfang eines Buches über die amerikanischen Gangster des 20. Jahrhunderts stehen.

Der Wilde Westen starb im Zirkus. Schon in den siebziger Jahren führten clevere Geschäftsleute wie der Buffalo-Bill-Entdecker Edward C. Z. Judson (»Ned Buntline«) die gefeierten Idole in der Manege vor. Aber während sich Wild Bill Hickok noch mühsam durch seine holprigen Texte quälte und sich nach kurzer Zeit wieder vom Schaugeschäft abwandte, legten spätere Heroen weniger Skrupel an den Tag. Cole Younger und Frank James, Pearl Hart und Emmett Dalton – sie alle büßten den Rest ihrer Faszination in den Arenen der Großstädte und in billigen Serien-Western ein.

Es war ein Ende ohne Würde, ohne den Glanz der Legenden. Aber es war doch ein Ende, das zum Stück paßte: Keiner der legendären Gunfighter und romantisierten Outlaws starb einen heldenhaften Tod: Jesse James – von hinten erschossen; Sam Bass – verraten und abgeknallt; Billy the Kid – wahrscheinlich im Schlaf erschossen; John Wesley Hardin – von hinten erschossen; Wild Bill Hickok – von hinten erschossen. Und so weiter. Sie wollten Männer sein, die in Stiefeln starben. Aber selbst wenn sie in Stiefeln starben, und nicht wie Frank James und Emmett Dalton im Bett, fehlte doch ihrem Tod jede heroische Note. Ihre Nachfahren verramschten den Ruhm in der Arena. Die Lüge, die das Leben der vermeintlichen Helden geprägt hatte, setzte sich über ihr Ende hinaus fort.

Die großen Familien
Die Brüder James, Younger und Dalton

Der letzte »echte Jesse James« tauchte 1948 auf, immerhin 66 Jahre nach dem Tod des legendären Banditen. Vor ihm hatten seit 1901 schon sechzehn andere Männer behauptet, sie hätten den Mordanschlag von Bob Ford überlebt, erfreuten sich bester Gesundheit und wollten endlich die Wahrheit über Jesse James enthüllen.

In der Tat: Jesse James lebt, auch wenn seine physische Hülle am 3. April 1882 starb. Kein anderer Gesetzloser des Westens hat sein Ende so unbeschadet überdauert wie jener düstere Mann aus Missouri, der als »amerikanischer Robin Hood« zur Symbolfigur einer Epoche wurde.

Wer war Jesse James?

Am Tage nach seinem Tod schrieb die ›St. Joseph Evening News‹: »Im Vergleich zu ihm erscheinen die Taten von Fra Diavolo, Dick Turpin und Schinderhannes unbedeutend.« Kaum eine Zeitung, die dem toten Outlaw nicht ein wehmütiges »Good By, Jesse« nachgerufen hätte, wie das ›Kansas City Daily Journal‹ vom 4. April 1882. Und bald schon wurde die Ballade von Jesse James im Westen populär, in der die schönen Zeilen vorkommen:

»He stole from the rich and he gave to the poor
He'd a hand and a heart and a brain...«
(Er bestahl die Reichen und beschenkte die Armen
Er war tüchtig, beherzt und klug...)

Wie einst Robin Hood durch den Wald von Sherwood, so ritt Jesse James mit seiner Bande durch Kansas und Missouri. Er beraubte die reichen und verhaßten Eisenbahngesellschaften und Banken und verteilte die Beute unter den armen Grenzlandbewohnern. Er war gutmütig, bescheiden und von tiefer Frömmigkeit. Er führte eine vorbildliche Ehe und liebte seine beiden reizenden Kinder.

So jedenfalls wollen es die zahllosen Legenden, die sich um Jesse James und seinen Bruder Frank ranken. Und noch heute pilgern Touristen zu dem Haus in St. Joseph, Missouri, in dem Jesse ermordet wurde.

Erst Jahrzehnte nach seinem Tod kam allmählich die Wahrheit über den vermeintlichen Nachfolger von Robin Hood ans Licht. Die wahre Geschichte von Jesse James ist eine Folge von kaltblütig und grausam durchgeführten Raubüberfällen, Plünderungen und Morden. Und es gibt keinen Hinweis darauf, daß Jesse jemals »ein Freund der Armen« war, wie es in der Ballade heißt.

Jesse Woodson James wurde am 5. September 1847 als zweites Kind von Robert James und seiner Frau Zerelda im elterlichen Haus in der Nähe von Kearney, Missouri, geboren. Sein Bruder und Komplice Frank war vier Jahre vorher, am 10. Januar 1843, zur Welt gekommen.

Vater James war Baptistenprediger von Beruf. Allerdings scheint es mit seiner Frömmigkeit nicht weit her gewesen zu sein, denn als 1849 die sensationelle Kunde von den Goldfunden in Kalifornien nach Missouri drang, ließ er geistliches Amt, Frau und Kinder im Stich und zog ins gelobte Land am Pazifik, wo er wenig später starb.

Seine resolute Witwe heiratete 1851 zum zweitenmal, ohne es indessen diesmal besser zu treffen: Die Ehe mit einem gewissen Sims wurde schon nach kurzer Zeit geschieden. 1857 begegnete die geschiedene Mrs. Sims, verwitwete James, dem Landarzt Dr. Reuben Samuel, mit dem sie die dritte und letzte Ehe ihres sorgenreichen Lebens einging.

Jesse und Frank James wuchsen also in ziemlich verworrenen Familienverhältnissen auf. Insofern erscheint es nicht verwunderlich, daß sich die beiden Brüder schon früh nach einem Betätigungsfeld außerhalb des Elternhauses umsahen.

Schon vor dem Bürgerkrieg wurden die Staaten Missouri und Kansas von einem blutigen Konflikt erschüttert. Es ging darum, ob das 1854 durch den Kansas-Nebraska-Act geschaffene Territorium Kansas als sklavenfreier oder sklavenhaltender Staat in die Union aufgenommen werden sollte. Norden und Süden versuchten jeweils mit allen Mitteln, die Entscheidung der Siedler von Kansas zu beeinflussen. Vom Sklavenhalterstaat Missouri aus drangen bewaffnete Banden nach Kansas ein. Auf der Gegenseite organisierte der zwielichtige Jim Lane eine Freiwilligenarmee, die für einen sklavenfreien Staat Kansas kämpfte.

Der berüchtigste Guerilla-Führer aus Missouri war William Clark Quantrill. Seiner Bande schloß sich zunächst Frank James an. Jesse wurde wegen seiner Jugend abgewiesen, kam aber schließlich im Haufen von William Anderson unter, einem anderen Missouri-Banditen, der den Beinamen »Bloody Bill« wohl zu Recht führte.

Erste Sporen verdiente sich Frank im September 1861 bei der Schlacht von Wilson's Creek, wo er an der Seite Quantrills für den Süden kämpfte. Am 21. August 1863 war er bei Quantrills Überfall auf Lawrence, Kansas, dabei, bei dem die Stadt dem Erdboden gleichgemacht wurde.

Ein Jahr später, am 27. September 1864, trat der gerade siebzehnjährige Jesse zum erstenmal in Aktion. Zusammen mit seinem Bruder Frank nahm er an Bloody Bill Andersons Massaker in Centralia teil, dem 24 unbewaffnete Soldaten der Unionsarmee zum Opfer fielen.

Der Legende nach hatte sich Jesse bereits vorher recht nützlich gemacht. Als Frau verkleidet soll der Junge in einem Bordell spioniert haben, das regelmäßig von Offizieren der Nordstaatenarmee besucht wurde.

Nach dem Ende des Bürgerkriegs und der Niederlage des Südens mußten sich die Brüder James nach einer neuen Beschäftigung umschauen. Sie beschlossen, den Krieg auf ihre Weise fortzusetzen und ihn künftig gegen Banken und Eisenbahngesellschaften zu führen. Zu diesem Zweck taten sie sich mit den vier Söhnen der in der Nähe lebenden Familie Younger zusammen. Die Youngers waren alte Bekannte aus der Zeit mit Quantrill.

Cole Younger, geboren 1844, ein massiger Zweizentnerriese, war der älteste. Ihm folgten seine Brüder James, Bob und John. Die übrigen zehn Kinder von Charles und Busheba Younger schlossen sich dem Outlaw-Quartett der Familie nicht an.

Die Brüder James und Younger bildeten den harten Kern der Bande, die unter der unbestrittenen Führung von Jesse James den mittleren Westen unsicher machte. Die übrigen Mitglieder der James-Younger-Gang wechselten häufig. Die Bande war nie sehr groß. Jesse liebte es, mit einer kleinen Gruppe erfahrener Profis zu arbeiten, ohne jemals daran zu denken, eine Guerilla-Truppe im Stil von Quantrill zu gründen.

Die Tatsache, daß es sich bei der James-Younger-Bande um einen Familienclan handelte, ist keineswegs ungewöhnlich. Von den Reno-Brüdern, die am 6. Oktober 1866 den ersten Zugüberfall der amerikanischen Geschichte verübten, bis zu den Brüdern Grat, Bob und Emmett Dalton, die in den neunziger Jahren zu Outlaw-Ruhm kamen, gab es eine ganze Reihe von

Familiengangs. Die Daltons waren übrigens entfernt mit den Youngers verwandt. Zwei andere berühmte Sippen gerieten in Tombstone aneinander: die Earps und die Clantons.

»Vor hundert Jahren waren die Familien größer, der Zusammenhang war enger. Der älteste Bruder war der geborene Führer dieser kleinen Heerhaufen, manchmal, wie im Falle Wyatt Earps (Anmerkung: und im Falle Jesse James), der zweite... Diese Brüdergruppen waren protektive Gemeinschaften besonderer Art. Sie waren verratfrei. Furcht vor der Rache der Brüder bedeutete meist, wenn auch nicht immer, einen beträchtlichen Lebensschutz. Sie waren der natürliche Ur-›Gang‹. Niemals hat, soweit wir wissen, Bruder gegen Bruder rebelliert.« So umreißt Hans von Hentig die unbestreitbaren Vorteile, die Outlaw-Familien gegenüber Einzelgängern und nicht miteinander verwandten Banditen besaßen. Tatsächlich arbeitete auch die James-Younger-Sippe ohne schwerwiegende innere Zerwürfnisse, auch wenn das Verhältnis zwischen Jesse und Frank bisweilen getrübt war. Einmal soll Franks Angewohnheit, bei jeder Gelegenheit entweder Shakespeare oder die Bibel zu zitieren, seinen Bruder derart gereizt haben, daß er Frank mit dem Revolver bedrohte.

Ihre Nachkriegskarriere begannen die Brüder James und Younger am 13. Februar 1866 mit einem Überfall auf die Bank von Liberty, Missouri. Sie erbeuteten 17000 Dollar. Der Erfolg ermutigte sie zu einer Reihe ähnlicher Unternehmungen, die sich nicht immer ohne Blutvergießen abwickeln ließen. So mancher Schalterbeamte bezahlte die Treue zu seiner Bank mit dem Leben.

Aber selbst gelegentliche Todesfälle konnten nicht verhindern, daß Jesse James binnen weniger Jahre nicht nur ein erfolgreicher, sondern auch ein außerordentlich populärer Bandit wurde.

Im besiegten Missouri hielt man die James-Younger-Bande allgemein für eine gerechte Heimsuchung der verhaßten Yankees. Jesse, Frank, Cole und die anderen, die mit Quantrill für die Sache des Südens gekämpft hatten, erschienen unversehens als späte Rächer der Konföderierten. Man war geneigt, ihren kriminellen Unternehmungen einen politischen Sinn zu unterschieben. Viele Leute in Missouri sahen in den Outlaws von Jesse James so etwas wie Widerstandskämpfer.

Hier liegt der Schlüssel zur Jesse-James-Legende!

Nachdem viele Zeitungen und selbst eine Reihe von Politikern den Banditen zum Symbol des konföderierten Widerstandes erhoben hatten, folgten bald auch jene schönen Geschichten, die Jesse zum amerikanischen Robin Hood aufbauten: Ein gewöhnlicher Outlaw war als Volksheld nicht zu gebrauchen.

Jesse selbst konnte die allgemeine Bewunderung nur recht sein. Es scheint, als habe er sehr schnell begriffen, worum es ging, denn auf die Frage, was ihn und seine Männer zu ihrem gesetzlosen Treiben veranlaßt habe, pflegte er gewöhnlich zu antworten: »They drove us to it!« (Sie trieben uns dazu!) »Sie«: damit waren die Yankees aus dem Norden gemeint, die selbst so »gottesfürchtige« Männer wie Jesse James zu Verbrechern werden ließen.

Die genaue Zahl der von der James-Younger-Bande verübten Überfälle läßt sich nicht mehr genau angeben. Nach einer gewissen Zeit wurden fast alle einschlägigen Delikte Jesse und seinen Männern in die Schuhe geschoben, auch wenn sie sich zur Tatzeit nachweislich in ganz anderen Gegenden aufgehalten hatten. Horan und Sann schätzen in ihrer ›Pictorial History of the Wild West‹ die Gesamtzahl der Überfälle auf siebzehn. Die Beute soll sich alles in allem auf 200 000 Dollar belaufen haben.

Am 21. Juli 1873 raubten Jesse und seine Männer in der Nähe von Adair, Iowa, erstmals einen Zug aus. Die Bande war der nicht übermäßig einträglichen Banküberfälle überdrüssig und wollte endlich einen großen Coup landen. Leider ging Jesse nicht mit der nötigen Umsicht ans Werk: Die Beute betrug nur 3000 Dollar. Zwölf Stunden nach dem Überfall passierte ein Zug mit rund 75 000 Dollar unbehelligt die Station.

Ungefähr aus der gleichen Zeit stammen auch viele der rührseligen Geschichten, die den Outlaw zum uneigennützigen Freund der Armen und Rechtlosen stilisierten. Typisch ist die Episode von Jesse James und der armen Witwe, die dem 1926 erschienenen Buch ›The Rise and Fall of Jesse James‹ von Robertus Love entnommen ist. Jesse und seine Gefährten kehren bei einer Frau ein, die ganz allein eine kleine Farm bewirtschaftet.

»Während sie Kaffee und Eier kochte, saßen die James-Leute im Zimmer herum. Sie bemerkten, daß sie weinte; Tränen rannen ihr die Wangen herunter, ein Schluchzen erschütterte ihren Busen. Jesse ... war immer zart besaitet. Er konnte Frauentränen nicht ertragen. Er fragte sie, warum sie weine. Sie versuchte zu lächeln und sagte, daß unser Anblick im Haus sie an die glückliche Zeit erinnere, als ihr Mann noch lebte und andere

Männer hatte, die ihm bei der Farmarbeit halfen; sie habe gerade daran gedacht, in welch unglückseliger Weise sich die Dinge seit seinem Tod geändert hätten, und deshalb weine sie.

Jesse fragte weiter. Die Frau sagte, sie habe mehrere Kinder, die auf die einige Meilen entfernt gelegene Schule gingen. Sie fuhr fort, auf ihrer Farm liege eine Hypothek in Höhe von 1400 Dollar. Die Frist sei abgelaufen, und dies sei der letzte Tag, den man ihr gewährt habe.

›Aha‹, sagte Jesse, ›deshalb also weinen Sie wirklich! Sie haben Angst, daß Sie Ihr Heim verlieren. So ist das also.‹

Ja, so sei es, gab sie zu. Am selben Nachmittag noch, sagte die weinende Witwe, werde der Mann aus der Stadt kommen, der im Besitz der Hypothek sei, und sein Geld verlangen. Sie meinte, jener sei ein hartherziger alter Geizhals, und sie besitze keinen einzigen Dollar, um ihre Schuld abzutragen...«

Und so weiter. Natürlich gab der weichherzige Jesse der armen Witwe das Geld, nicht ohne dem Geizhals die 1400 Dollar noch am gleichen Tag wieder abzujagen.

Trotz solcher Geschichten konnte es auf die Dauer nicht ausbleiben, daß weniger romantische Zeitgenossen ernsthafte Anstrengungen unternahmen, Jesse James das Handwerk zu legen. Die St. Louis Midland Railroad setzte schließlich ein Kopfgeld in der Rekordhöhe von 25 000 Dollar auf Jesse aus.

Die berühmte Detektivagentur Pinkerton schaltete sich ein. Am 16. März 1874 kam es in der Nähe von Monegaw Springs zu einem Gefecht zwischen dem Pinkerton-Detektiv Louis J. Lull und Sheriff Ed Daniels auf der einen Seite und den Brüdern James und John Younger auf der anderen. John wurde erschossen, aber auch Lull und Daniels überlebten den Tag nicht. Beide fielen unter den Kugeln von James Younger. Alle Versuche aber, den Anführer der Bande zu fangen, scheiterten. 1875 warfen Pinkerton-Leute und einheimische Sympathisanten eine selbstgebastelte Bombe in das Haus von Jesses Stiefvater, in dem sich der Outlaw angeblich aufhalten sollte. Die Bombe verletzte seine Mutter schwer und tötete seinen kleinen Stiefbruder. Jesse selbst war gar nicht im Haus gewesen.

Ein Jahr später hatten Jesse und seine Männer weniger Glück. Als sie am 7. September 1876 die First National Bank in Northfield, Minnesota, überfielen, stießen sie auf den erbitterten Widerstand der Bevölkerung. Die Banditen Bill Stiles, Clell Miller und Charlie Pitts wurden erschossen, Cole, James und Bob Younger gefangen. Am 9. November des gleichen Jahres wurden die drei Brüder zu lebenslänglichen Zuchthausstrafen verurteilt. Bob starb 1889 im Zuchthaus von Stillwater an Tuberkulose, Cole und James wurden 1901 entlassen. James Younger beging ein Jahr später Selbstmord. Cole starb 1916 friedlich im Bett, nachdem er vorher kurze Zeit zusammen mit Frank James in einer Wildwest-Schau aufgetreten war.

Das Desaster von Northfield bedeutete praktisch das Ende der James-Younger-Bande. Die Youngers waren entweder tot oder in Haft, Jesse und Frank waren erschöpft und mutlos.

Versuche, eine neue schlagkräftige Bande zu gründen, schlugen fehl. Unter verschiedenen falschen Namen floh Jesse James mit seiner Frau und seinen kleinen Kindern von Stadt zu Stadt, bis er sich schließlich in St. Joseph niederließ.

Was am Morgen des 3. April 1882 im Haus der Familie James geschah, schilderte die ›St. Joseph Evening News‹ so:

»Charlie Ford und Jesse James waren im Stall gewesen, um die Pferde für einen nächtlichen Ritt herzurichten. Als sie in das Zimmer zurückkehrten, in dem Robert Ford saß, sagte Jesse: ›Es ist furchtbar heiß heute.‹ Er zog Rock und Weste aus und warf sie auf das Bett. Dann sagte er: ›Es ist wohl besser, wenn ich meine Pistolen ablege. Ich habe Angst, daß jemand sie sieht, wenn ich im Hof herumlaufe.‹ Er schnallte den Gürtel ab, in dem er zwei Revolver vom Kaliber 45 trug, eine Smith & Wesson und einen Colt, und legte ihn auf das Bett zu dem Rock und der Weste. Dann nahm er einen Staubwedel, um einige Bilder abzustauben, die an der Wand hingen. Dazu stieg er auf einen Stuhl. Sein Rücken war nun den Brüdern zugewandt, die leise zwischen Jesse und seine Revolver traten. Auf ein Zeichen von Charlie zogen beide ihre Waffen. Robert war der Schnellere. Mit einer einzigen Bewegung hatte er die lange Waffe in Augenhöhe angelegt. Die Mündung war nur vier Fuß vom Hinterkopf des Outlaws entfernt. Doch selbst diese blitzschnelle Bewegung war den scharfen Ohren des gejagten Mannes nicht entgangen. Er machte eine Bewegung, als wolle er den Kopf herumdrehen, um die Ursache des verdächtigen Geräusches zu ergründen, doch es war zu spät. Ein nervöser Fingerdruck auf den Abzug, ein schnelles Aufblitzen, ein scharfer Knall, und die gutgezielte Kugel durchschlug den Schädel des Outlaws. Kein Schrei war zu hören – der Körper schwankte und fiel dann rückwärts schwer auf den Teppich am Boden. Der Schuß war tödlich gewesen, und alle Kugeln aus den Kammern von Charlies Revolver, die er jetzt noch auf den Kopf von Jesse abfeuerte, konnten nicht mehr wirksam das Schicksal des größten Banditen und Freibeuters aller Zeiten beeinflussen.«

Bob Ford erschoß Jesse James zu einem Zeitpunkt, als jener seine Outlaw-Karriere bereits aufgegeben hatte. Und nicht persönliche Gründe hatten ihn zu der Tat veranlaßt, sondern die Aussicht auf 10000 Dollar Belohnung. Kurz vor dem Mord waren die Brüder Ford bei Gouverneur Thomas T. Crittenden gewesen, um sich zu vergewissern, ob sie überhaupt Anspruch auf das Geld anmelden könnten. Als Crittenden ihnen die Belohnung zusagte, war Jesse James bereits so gut wie tot. Die Brüder Ford, Verwandte von Jesse, hatten nicht die geringsten Schwierigkeiten bei der Ausführung ihres Mordplans. Jesse vertraute ihnen blind.

Hunderte von Menschen erwiesen dem toten Outlaw die letzte Ehre. Auf seinem Grabstein steht:

> Jesse W. James
> Died April 3, 1882
> Aged 34 years, six months, 28 days
> Murdered by a coward whose name is not worth
> To appear here.
> (Jesse W. James starb am 3. April 1882, 34 Jahre, sechs Monate, 28 Tage alt, ermordet von einem Feigling, dessen Name nicht wert ist, hier zu erscheinen.)

Daß kein fairer Kampf das Leben von Jesse James beendete, sondern ein hinterhältiger Mord, ist typisch für das Schicksal der meisten berühmten Outlaws und Revolvermänner: Wild Bill Hickok wurde ebenso von hinten erschossen wie Wes Hardin. Sam Bass wurde von einem Mitglied seiner Bande verraten. Ihm blieb ebensowenig eine Chance wie William H. Bonney alias Billy the Kid, den Sheriff Patrick Floyd Garrett in Fort Sumner wahrscheinlich im Schlaf überraschte und erschoß. Nur die wenigsten Outlaws starben einen attraktiven Kinotod beim fairen Showdown Mann gegen Mann.

Jene ebenso edle wie rauhe Ritterlichkeit, die zwischen den Sheriffs und Outlaws des Westens angeblich herrschte, hat es nie gegeben.

Dem Mörder von Jesse James erging es ähnlich wie dem von Billy the Kid. Zwar kassierte Bob Ford die 10000 Dollar Belohnung, doch verzieh man ihm in Missouri nie, daß er den populären Jesse von hinten erschossen hatte. Viele Leute zeigten ihm ihre Verachtung so deutlich, daß er schließlich ruhelos und heruntergekommen vagabundierte, nachdem er eine Zeitlang seinen traurigen Ruhm in einer Wildwest-Schau zu Geld gemacht hatte. 1893 wurde er von einem Verwandten der Younger-Brüder erschossen.

Nach Jesses Tod war mit Frank James nur noch ein einziges Mitglied der einst mächtigen Bande übriggeblieben. Wenige Monate nach dem Mord an seinem Bruder, am 5. Oktober 1882, stellte sich Frank dem Gouverneur. Im August des folgenden Jahres machte man ihm den Prozeß wegen seiner Mitwirkung an einem Eisenbahnüberfall, bei dem er einen Toten gegeben hatte. Und jetzt zeigte sich, wie bedeutend der Einfluß des Namens James in Missouri tatsächlich war: Frank James wurde unter dem Jubel der Bevölkerung freigesprochen.

Später unterstützte der »ehrbar« gewordene Outlaw die Wahlkampagne von Präsident Theodore Roosevelt, trat zusammen mit Cole Younger kurze Zeit in einer Wildwest-Schau auf und starb schließlich friedlich am 18. Februar 1915.

Die legitime Nachfolge des dezimierten James-Younger-Clans traten in den frühen neunziger Jahren die Brüder Dalton an. »Legitim« insofern, als die Daltons mit den Youngers verwandt waren: 1851 hatte Lewis Dalton Adeline Younger geheiratet, die Tante der Younger-Brüder.

Adeline Dalton brachte fünfzehn Kinder zur Welt, neun Söhne und sechs Töchter. Vier Dalton-Söhne beschlossen, Outlaws zu werden: Grat, Bob, Emmett und Bill, der sich bald von seinen Brüdern trennte, um eine eigene Bande zu gründen.

Ein weiterer Bruder, Frank, war Deputy Marshal unter »Hanging Judge« Isaac Parker in Forth Smith. Nach Franks gewaltsamem Tod übernahm Grat Dalton sein Amt und ernannte umgehend seinen Bruder Bob zum Deputy Marshal. Trotz ihres rühmenswerten Familiensinns machten sich die beiden Daltons wegen ihrer Brutalität bald allseits unbeliebt.

1890 stieß auch Emmett Dalton als Deputy zur Familienstreitmacht, die dann nach einer Kontroverse mit Richter Parker kurzerhand den Dienst quittierte und eine Karriere auf der anderen Seite des Gesetzes begann.

Ihren Einstand als Outlaws gaben die Daltons im Sommer 1890 als Pferdediebe. Bald schon wandten sie sich lohnenderen Unternehmungen zu: Am 6. Februar 1891 überfiel der Clan einen Zug der Southern Pacific und verwundete dabei einen Heizer so schwer, daß er kurz darauf starb.

Weitere Zugüberfälle folgten. Die Daltons erwiesen sich bald als ebenso raffiniert wie brutal. Es gab häufig Tote.

In ihrer Glanzzeit war die Bande zehn Mann stark. Aber die Daltons konnten sich ihres Ruhms nicht lange erfreuen. Schon 1892 kam das Ende der Bande, die übrigens einen bemerkenswerten Sinn für Tradition gezeigt hatte, als sie am 15. Juli 1892 einen Zug bei Adair überfiel, wo schon der selige Jesse James sein Debüt als Eisenbahnräuber gegeben hatte.

Eine andere traditionsreiche Stätte sah den Untergang der Dalton-Gang: Als die Brüder mit einigen Komplicen in Coffeyville, Kansas, zwei Banken gleichzeitig berauben wollten, wurden sie in eine turbulente Schießerei verwickelt, die Grat und Bob Dalton nicht überlebten. Emmett wurde schwer verwundet und wanderte ins Gefängnis. Was die Tradition betrifft: In Coffeyville hatte Billy the Kid als kleiner Junge ein paar Jahre gelebt.

Emmett Dalton schrieb später eine moralisierende Autobiographie – ›When the Dalton rode‹ (Als die Daltons ritten) – und entwickelte einen selbst für alte Outlaws außergewöhnlichen Sinn für Publicity. Der 1907 begnadigte Ex-Outlaw schrieb Western-Drehbücher und zeigte sich in kleineren Rollen selbst auf der Leinwand. Emmett Dalton starb 1937 in Los Angeles als reicher Mann. Als drei Jahre später sein Buch verfilmt wurde – ›When the Daltons rode‹ (Regie: George Marshall) – diente Mrs. Emmett Dalton als sachkundige Beraterin.

Hätten die Dalton-Brüder zwanzig oder dreißig Jahre früher gelebt, wären sie vermutlich nicht so schnell gefaßt worden. Anfang der neunziger Jahre aber waren ihre im Jesse-James-Stil ausgeführten Überfälle bereits so hoffnungslos antiquiert, daß es schon nach kurzer Zeit zwangsläufig zu einer Katastrophe kommen mußte. Die selbstbewußten Bürger der Nach-Frontier-Epoche ließen sich von Outlaws alten Stils nicht mehr einschüchtern.

Und insofern kommt jenem blutigen 5. Oktober 1892 der Rang eines historischen Datums zu. Die Katastrophe von Coffeyville bedeutete nicht nur das Ende der Dalton-Bande, sondern zugleich den Schlußpunkt der klassischen Outlaw-Ära.

Was danach kam, dokumentierte nur noch den Niedergang der Gesetzlosen. Die überaus amateurhaft ausgeführten Überfälle der Brüder Jennings etwa hätten einem Jesse James oder Cole Younger höchstens ein mitleidiges Lächeln abgenötigt.

Auf der anderen Seite kündigten sich bereits neue Organisationsformen der Kriminalität an: Die Geschichte der berüchtigten »Wild-Bunch-Bande« weist bereits auf die Syndikate der Prohibitionszeit. Der Wild Bunch wurde von bürgerlich nüchternen Strategen geleitet, deren Arbeitsweise mehr an Al Capone als an Jesse James erinnert. Der letzte Rest der alten Outlaw-Romantik war mit Grat und Bob Dalton in Coffeyville gestorben.

Ballad of Jesse James

Jesse James was a lad who killed many a man
He robbed the Glendale Train
He stole from the rich and he gave to the poor
He'd a hand and a heart and a brain

Jesse had a wife to mourn for his life
Three children, they were brave
But that dirty little coward that shot Mr. Howard
Has laid Jesse James in his grave

It was Robert Ford, that dirty little coward
I wonder how he does feel
For he ate of Jesse's bread and he slept in Jesse's bed
Then he laid Jesse James in his grave

Jesse was a man, a friend to the poor
He'd never see a man suffer pain
And with his brother Frank he robbed the Chicago bank
And stopped the Glendale train

It was on a Wednesday night, the moon was shining bright
He stopped the Glendale train
And the people all did say for many miles away
It was robbed by Frank and Jesse James

It was on a Saturday night, Jesse was at home
Talking to his family brave
Robert Ford came along like a thief in the night
And laid Jesse James in his grave

The people held their breath when they heard of Jesse's death
And wondered how he ever came to die
It was one of the gang called little Robert Ford
That shot Jesse James on the sly

Jesse went to his rest with hand on his breast
The devil will be upon his knee
He was born one day in the county of Shea
And he came of a solitary race

This song was made by Bill Gashade
As soon as the news did arrive
He said there was no man with the law in his hand
Could take Jesse when alive

Jesse had a wife to mourn for his life
Three children, they were brave
But that dirty little coward that shot Mister Howard
Has laid Jesse James in his grave

(Alle Klischeevorstellungen aus der Heldenlegende des Banditen Jesse James sind in dieser bekannten Ballade in Reim gebracht worden. Robert Ford, der »dreckige kleine Feigling«, der »von Jesses Brot aß und in Jesses Bett schlief«, ermordete heimtückisch den Edlen, der »ein Freund der Armen« war...)

Der Marshal, der keiner war
Wyatt Earp

Im Sommer 1866 sahen sich die texanischen Viehzüchter unverhofft mit einem Problem konfrontiert, das fast ihr Geschäft ruiniert hätte. Früher hatten ihre Cowboys die Rinder aus Texas direkt auf die Märkte im Norden und im Osten getrieben. Doch jetzt verwehrte man ihnen – nötigenfalls mit Waffengewalt – die Durchquerung von Kansas. Die Herden wurden an der Grenze abgefangen und nach Texas zurückgeschickt. Das ging nicht ohne blutige Zwischenfälle ab, denn die texanischen Cowboys nahmen es nicht hin, daß ihnen bewaffnete Patrouillen die alten Wege verlegten.

Die Behörden von Kansas hatten nicht ohne Grund zu derart einschneidenden Maßnahmen gegriffen. Das texanische Vieh schleppte eine Krankheit ein, die zunächst als »spanisches Fieber« bekannt wurde, bald aber den Beinamen »texanisches Fieber« erhielt. Zwar waren die robusten Longhorns aus Texas selbst gegen den Virus immun, doch gingen den Züchtern in Kansas immer häufiger Tiere ein.

Schon 1861 war in Kansas ein Gesetz erlassen worden, das texanische Viehherden während des Sommers nachdrücklich aus dem Staat verbannte. Doch sechs Jahre später, am 26. Februar 1867, unterzeichnete Gouverneur Samuel J. Crawford eine Verfügung, die das alte Gesetz in zwei wesentlichen Punkten abänderte: Erlaubt wurde der Viehtransport per Eisenbahn durch Kansas; außerdem handelte man eine sogenannte Quarantänelinie aus, die den weitgehend unbesiedelten Südwesten des Staates von dem generellen Verbot ausnahm.

So standen die Dinge, als Joseph G. McCoy nach Abilene kam. Mitte der sechziger Jahre war das 1861 gegründete Abilene ein »kleiner, öder Ort, der aus ungefähr einem Dutzend Holzhütten bestand«, wie McCoy später schrieb. Der junge Geschäftsmann aus Illinois hatte sich vorgenommen, dies schnell und gründlich zu ändern.

Joseph G. McCoy hatte eine Idee: In Zukunft sollten die Cowboys das Vieh nur noch bis Abilene treiben. Und hier sollten sich die Züchter aus Texas mit den Aufkäufern aus dem Norden treffen. Von hier aus sollten die Rinder mit der Eisenbahn zu den Schlachthöfen von Chicago transportiert werden, unbelästigt von Wegelagerern und Banditen.

McCoys Plan hatte nur den einen Schönheitsfehler, daß Abilene innerhalb des Quarantänegebiets lag. Doch mit Geld und Überredungskunst schaffte er auch dieses Hindernis aus dem Weg. Schon 1868 verließen 52920 texanische Rinder in den Viehwaggons der Kansas Pacific Railroad den schnell wachsenden Ort via Norden.

McCoys Idee machte Schule: Der ersten »Cattle Town« Abilene folgten in den siebziger Jahren weitere Umschlagplätze für texanisches Vieh. Im sechzig Meilen südwestlich von Abilene gelegenen Ellsworth ging das Rindergeschäft 1871 los. Im Mai 1872 erreichten die Schienen der Atchison, Topeka and Santa Fé Railroad die Stadt Wichita, von der aus schon im gleichen Jahr über 70000 texanische Rinder nach Norden transportiert wurden. 1876 folgte Dodge City, früher ein Dorado der Büffeljäger, jetzt lärmende »Viehstadt«. 1880 schließlich entstand mit Caldwell das fünfte Viehzentrum von Kansas.

Bibelkundige Zeitgenossen pflegten Dodge City gelegentlich als »Gomorrah of the Plains« zu bezeichnen. Diesen oder einen ähnlichen Beinamen hätte man wohl auch den anderen Cattle Towns geben müssen, denn in keiner ging es auch nur halbwegs gesittet zu. Die Cowboys aus Texas verschwanden meist sehr schnell nach ihrer Ankunft in einem der vielen Saloons und spülten den Staub der langen Reise mit einem gehörigen Quantum Whisky hinunter. Oder sie legten ihren Lohn in einem Schäferstündchen mit einer Prostituierten an. Leichte Mädchen zur Auswahl gab es jedenfalls genug. Viele riskierten eine Partie Poker mit einem der zahlreichen professionellen Spieler. Oder sie fingen gleich eine Schießerei an.

Schlaue Stadtväter engagierten berühmte Revolvermänner als Ordnungshüter, um den allgemeinen Überschwang in gewissen Grenzen zu halten. So kam es, daß Abilene, Ellsworth, Wichita, Dodge City und Caldwell zum Tummelplatz der unterschiedlichsten Gunfighter-Prominenten wurden. 1871 engagierte beispielsweise die Bürgerschaft von Abilene jenen James Butler Hickok als Marshal, der als »Wild Bill« berühmt geworden war. In Dodge City machte sich jahrelang Bat Masterson um die Aufrechterhaltung von Ruhe und Ordnung verdient.

Aber auch Männer, die nie den Stern des Gesetzes getragen hatten, fühlten sich vom unruhigen Leben in den »Cattle Towns« angezogen: Clay Allison, Ben Thompson, John Wesley

Hardin und auch Phil Coe, der später von Hickok erschossen wurde, gehörten zu ihnen.

Ob Wyatt Stapp Earp zu den Männern des Gesetzes oder zu den Outlaws gezählt werden muß, war lange umstritten.

Jahrzehntelang neigte man dazu, den schnauzbärtigen Revolvermann als heroischen »Frontier-Marshal« zu verklären, bis allmählich Zweifel an Earps Ansehen auftauchten. Heute sind sich die Historiker einig, daß kein anderer berühmter Gunfighter so sehr zu Unrecht zum Idol erhoben wurde wie Wyatt Earp.

Er selbst freilich war klug genug, noch kurz vor seinem Tod seine eigene Legende zu zementieren. 1928 erzählte der greise Held dem Schriftsteller Stuart N. Lake die wechselvolle Geschichte seines Lebens, die jener zu dem Buch ›Wyatt Earp: Frontier-Marshall‹ verarbeitete. Earp sparte nicht an phantasievollen Übertreibungen, ließ manches aus, erfand anderes hinzu. Und Lake schrieb gläubig alles auf.

Auch Wyatt Earps Aufstieg zum legendären Gesetzeshüter vollzog sich in den lärmenden Cattle Towns von Kansas. Erstmals trat er 1873 in Ellsworth in Erscheinung, das in diesem Jahr eine besonders turbulente Saison erlebte. Fünf Männer wurden 1873 in Ellsworth erschossen, fast hundert wurden verhaftet und eingesperrt. Zum Vergleich: Im berüchtigten Wichita kam im gleichen Jahr nur ein Mann gewaltsam ums Leben, wie überhaupt die Mordquote in den Cattle Towns erstaunlich niedrig war. Meist genügte die Anwesenheit eines prominenten Revolvermannes, um die Schießlust in gebührenden Grenzen zu halten.

Überdies hatten die Stadtväter vorausschauend das Tragen von Feuerwaffen verboten. Schon an der Stadtgrenze mahnte ein Schild: »Leave your revolvers at police headquarters and get a check« (Gebt eure Revolver bei der Polizei ab und holt euch eine Quittung). Beim Verlassen der Stadt wurden die Waffen den Cowboys wieder ausgehändigt.

Daß es dennoch gelegentlich zu Schießereien kam, lag hauptsächlich daran, daß die selbstbewußten Texaner nicht geneigt waren, ihre Six-Shooter aus der Hand zu geben, was in Anbetracht der unruhigen Zeiten wohl auch verständlich war. So sahen sich die lokalen Polizeibehörden immer wieder gezwungen, betrunkene Texaner zu entwaffnen.

In Ellsworth machten im Sommer 1873 besonders Ben Thompson und sein Bruder Billy von sich reden. Die beiden Texaner vergnügten sich regelmäßig damit, in Säuferlaune in der Gegend herumzuschießen. Als Billy Thompson bei einer dieser lautstarken Veranstaltungen den Sheriff Chauncey B. Whitney erschoß, trat Wyatt Earp auf den Plan.

Billy hatte nach der Tat fluchtartig die Stadt verlassen, Ben und ein paar andere Texaner hielten die aufgebrachten Bürger in Schach. Die örtlichen Gesetzeshüter griffen wohl aus Angst nicht ein.

Da machte Wyatt Earp die Sache der Bürger von Ellsworth zu seiner eigenen. Kurz entschlossen schnallte er sich einen Revolvergurt um, steckte zwei Fünfundvierziger ein und marschierte auf Ben Thompson und seinen wilden Haufen zu.

»Thompson: Was willst du, Wyatt?

Earp: Ich will dich, Ben!

Thompson: Laß uns darüber reden, ehe wir kämpfen.

Earp: Ich kriege dich so oder so, Ben!

Thompson: Moment mal. Was soll ich denn machen?

Earp: Wirf dein Gewehr auf die Erde, nimm die Hände hoch und sag deinen Freunden, daß sie sich 'raushalten sollen.

Thompson: Bleib doch mal stehen und laß uns darüber reden. Was willst du mit mir machen?

Earp: Dich töten oder dich ins Gefängnis bringen.«

Nachdem sich der Texaner vergewissert hatte, daß Earp ihn vor der Wut seiner Freunde schützen würde, gab er auf und ließ sich abführen.

So jedenfalls schilderte Wyatt Earp gegenüber Lake seinen Einstand als Schrecken aller Revolverhelden von Kansas. Tatsächlich ging es in Ellsworth weit weniger spektakulär zu. Im Juli 1873 war es wiederholt zu Auseinandersetzungen zwischen den Thompson-Leuten und der örtlichen Polizei gekommen, nicht zuletzt wegen der offensichtlichen Unfähigkeit von Policeman John (»Happy Jack«) Morco.

Morco, ein primitiver, unberechenbarer Analphabet, der schon einmal wegen Mordes vor Gericht gestanden hatte, ließ keine Gelegenheit aus, die Texaner zu provozieren. Am 15. August mischte sich Morco in einen Streit zwischen Ben Thompson und einem Spieler ein. Als er seine Pistole auf den unbewaffneten Thompson richtete, beschloß jener wohl, sich den verhaßten Polizisten ein für allemal vom Halse zu schaffen. Wenige Minuten nach dem Zwischenfall erschien er mit seinem Bruder Billy auf der Plaza, wo sich ihnen Sheriff Whitney entgegenstellte. Offenbar beabsichtigte er, den Streit zu schlichten. Und wahrscheinlich löste sich der tödliche Schuß aus Billys Revolver versehentlich. Auf jeden Fall scharten sich einige andere Texaner um die Brüder, um einen Lynchmord zu verhindern.

Ebenfalls steht fest, daß die drei Mann starke Polizeimacht von Ellsworth sich weigerte, gegen die Texaner vorzugehen. Daraufhin entließ Bürgermeister James Miller schon am nächsten Tag seine feigen Ordnungshüter. Vom Eingreifen eines gewissen Wyatt Earp ist in den von Robert R. Dykstra für sein Buch ›The Cattle Towns‹ ausgewerteten zeitgenössischen Quellen nirgends die Rede.

Es erscheint allerdings auch sehr unwahrscheinlich, daß sich ein hartgesottener Revolvermann wie Ben Thompson von dem unbekannten Neuling Earp derart einschüchtern ließ, daß er ohne Gegenwehr die Waffen streckte.

Im Gegensatz zu dieser Episode ist Earps Auftritt in Wichita bis in die Details historisch überliefert. Der gängigen Version zufolge engagierten die Stadtväter von Wichita den Helden von Ellsworth, damit er die unruhigen Cowboys, Revolvermänner und Spieler des Ortes zur Räson bringe.

In Wirklichkeit aber wurde Wyatt Earp in Wichita keineswegs mit offenen Armen enpfangen. Im Gegenteil: Sein Antrag auf Aufnahme in die örtliche Polizeitruppe wurde abgelehnt. Erst im April 1875, ein halbes Jahr nach seiner Ankunft in Wichita, stellte man ihn als einfachen Policeman ein. Sein Gehalt betrug 60 Dollar im Monat. Marshal war Earp weder in Wichita noch in einer der anderen Cattle Towns.

Ein Jahr lang diente Earp unter Marshal Mike Meager. In dieser Zeit verhaftete er – freilich nicht allein – einige Pferdediebe, sammelte Betrunkene auf und reparierte im Winter Zäune und Bürgersteige. Im Mai 1875 ließ er einen wild um sich schießenden betrunkenen Cowboy laufen, weil er ihm ganz allein gegenüberstand: Nachdrücklicher als mit dieser verbürgten Episode läßt sich Earps angebliche Heldentat in Ellsworth wohl kaum in Zweifel ziehen.

Erst im April 1876 machte Earp wieder von sich reden, wenn auch nicht gerade auf eine Weise, die ihn in ein heroisches Licht rücken könnte: Er schoß auf den ehemaligen Marshal William Smith, der Ende 1874 seine Aufnahme in den Polizeidienst verhindert hatte. Earp wurde sofort entlassen und mit einer Strafe von 30 Dollar belegt. Seinen Einspruch wies der Stadtrat zurück.

Am 20. Mai 1875 entschied das Police Committee, »... daß gegen Mr. W. S. Earp vom Marshal das Landstreichergesetz in

Anwendung gebracht wird, sobald er die Steuergelder, die er kassiert hat, dem Stadtkämmerer ausgehändigt hat. In der Zwischenzeit wird Mr. Earps Eigentum als Faustpfand zurückbehalten.«

Am Tag darauf billigte der Stadtrat die Entlassung Earps durch das Police Committee.

Nach dem jähen Ende der Karriere des Wyatt Earp in Wichita ging der Policeman außer Diensten nach Dodge City, wo man ihn sofort als Assistant Marshal einstellte. Earp hatte in den Jahren in Ellsworth und Wichita wohl doch einiges hinzugelernt und betätigte sich jetzt umsichtig als Cowboyschreck, ohne indessen häufig zum Revolver zu greifen. Bereits sein Ruf als Revolvermann genügte gewöhnlich, um randalierende Cowboys zur Besinnung zu bringen. Von den fünf gewaltsamen Todesfällen, die 1878 in Dodge City verzeichnet wurden, geht nur einer auf Earps Konto. Im Juli schoß er einen betrunkenen Cowboy an, der im Monat darauf starb.

Diese ebenfalls nicht sehr heroische Episode stellt denn auch den einzigen verbürgten Fall aus seiner Kansas-Zeit dar, in dem Earps Bemühungen um Ruhe und Ordnung tödliche Folgen hatten. Letzteres spricht nicht gegen Earp. Aber es korrigiert das Bild vom schießfreudigen Supermann. Überdies ist umstritten, ob es tatsächlich Earp war, der den tödlichen Schuß abfeuerte. Ein weiterer Gesetzeshüter, der jüngere Bruder des berühmten Sheriffs Bat Masterson, beteiligte sich ebenfalls an der heftigen Schießerei, die für den Cowboy Hoyt tödlich endete.

Trotz seiner unbestreitbaren Erfolge gelang es Wyatt Earp nicht, Marshal von Dodge City zu werden. Deshalb quittierte er im September 1879 den Dienst und ging nach Arizona.

»Tombstone« – Grabstein – hatte der Abenteurer und Minenfachmann Ed Schieffelin mit grimmigem Humor den Ort genannt, den er 1877 gegründet hatte. Denn einen Grabstein in der Wüste statt des erhofften Reichtums hatte man ihm verheißen, als er in die Wildnis zog. Doch es kam anders: Schieffelin fand ein reiches Silbervorkommen, und so wurde aus dem »Grabstein« eine Goldgrube.

Obwohl der Minenbetrieb schon 1878 aufgenommen worden war, kam Tombstone erst 1880 in Ruf und Ruch. Wie in die Cattle Towns von Kansas zog die Hoffnung auf schnellen Reichtum die verwegensten Gestalten in das Nest in Arizona, das bald eine Einwohnerzahl von 15 000 erreichte.

Wyatt Stapp Earp kam Ende 1879 nach Tombstone, begleitet

von seinen Brüdern James und Virgil und dem ehemaligen Zahnarzt John H. Holliday, genannt »Doc«. Anfang 1880 traf mit Morgan ein weiterer Earp-Bruder in Tombstone ein.

Der Aufenthalt Wyatt Earps in Tombstone ist nicht nur eine der berühmtesten, sondern auch eine der umstrittensten Episoden in der Geschichte der amerikanischen Revolvermänner und Outlaws.

Die Ereignisse, die am 26. Oktober 1881 in der legendären Schießerei am O.-K.-Corral gipfelten, liegen weitgehend im Zwielicht einer Unzahl sich widersprechender Interpretationen.

Es heißt, Wyatt Earp sei Deputy unter Sheriff Johnny Behan gewesen, als sich die Ereignisse in Tombstone zuspitzten. Aber nicht einmal das ist sicher: Es gibt kein offizielles Dokument, das Earps Ernennung bestätigt. Der einzige Earp-Bruder, der in Tombstone mit Sicherheit den Stern des Gesetzes getragen hat, ist Virgil, der US. Deputy-Marshal war. Es scheint, als hätten ihn seine Brüder als freie Mitarbeiter unterstützt, wobei wiederum wahrscheinlich ist, daß Wyatt Earp den Clan anführte. Wyatt Earp selbst gab zu jener Zeit »Saloonkeeper« – also Gastwirt – als seinen Beruf an.

Die vier allesamt schnauzbärtigen Earp-Brüder stießen bald nach ihrer Ankunft in Tombstone mit einem anderen Familienclan zusammen, der erst recht auf keine Weise für sich in Anspruch nehmen konnte, das Gesetz zu vertreten: Die Clantons, angeführt von N. H. »Old Man« Clanton, verdienten sich ihren Lebensunterhalt als Viehdiebe. Die Familienranch im San-Pedro-Tal war ihr Schlupfwinkel und Hauptquartier. Von hier aus unternahm die Bande räuberische Ausritte nach Mexiko. Das gestohlene Vieh wurde auf den Märkten im Cochise County verkauft, dessen Zentrum Tombstone war.

Es ist fraglich, ob der Gunfight am O.-K.-Corral jemals stattgefunden hätte, wenn die Clanton-Gang nicht die Angewohnheit gehabt hätte, gelegentlich nach Tombstone zu kommen und sich dort zu betrinken. Denn daß Wyatt Earp und seine Brüder irgendein Interesse daran hatten, die Viehdiebstähle der Clantons zu unterbinden, erscheint angesichts ihres eigenen nicht allzu sauberen Lebensstils recht unwahrscheinlich. Solange die Clantons und ihre Männer sich nicht in Tombstone blicken ließen, um den Earps ins Handwerk zu pfuschen, hatten letztere keinen Grund, Streit anzufangen.

In seinem Buch ›Helldorado‹ behauptet Billy Breakenridge sogar, die Clantons seien harmlose Cowboys gewesen, die von den Earps so lange ungerecht behandelt und attackiert wurden, bis sie sich schließlich zur Wehr setzten. Breakenridge wußte vielleicht, wovon er sprach: Er wurde später selbst Sheriff von Cochise County.

Die meisten anderen Autoren vertreten allerdings die Ansicht, die Earps hätten völlig einwandfrei und gesetzmäßig gehandelt. Freilich folgten sie hauptsächlich der Darstellung von Wyatt Earp selbst und seinem Biographen Stuart N. Lake. Eindeutig wurden die Hintergründe der Earp-Clanton-Fehde bis heute nicht geklärt.

Kein Zweifel besteht hingegen an der Tatsache, daß die Clantons gute Gründe hatten, den Earps gram zu sein: Im Oktober 1880 waren Ike und Billy Clanton, die Brüder Frank und Tom McLowery, »Curly Bill« Brocius, Frank Patterson und Pony Deal wieder einmal nach Tombstone gekommen, um sich einen netten Abend zu machen. Nach einem ausgiebigen Gelage zogen die Clantons und ihre Kumpane, wild um sich knallend, durch die Straßen. Marshal Fred White und Wyatt Earp stellten sich ihnen in den Weg. Plötzlich löste sich ein Schuß aus Curly Bills Gewehr und traf den Marshal tödlich. Earp, damals schon ein erfahrener Kämpfer, stellte nacheinander alle beteiligten Clanton-Leute, betäubte sie mit einem harten Schlag über den Schädel und lieferte sie im Gefängnis ab. Die Sache hatte leider einen Schönheitsfehler: Kurz vor seinem Tod bezeugte Marshal White, daß Curly Bill nicht mit Absicht auf ihn geschossen hatte. Die tödliche Kugel hatte sich aus einem unglücklichen Zufall ausgerechnet in dem Moment gelöst, als ohnehin alles nach einem bevorstehenden Schußwechsel aussah.

So mußten die Clanton-Leute schon am folgenden Morgen aus dem Gefängnis entlassen werden. Mit brummenden Schädeln und Bitternis im Herzen ritten sie nach Hause.

Außer dieser unangenehmen Affäre erhitzte noch ein mysteriöser Postkutschenüberfall die Gemüter der Earps und der Clantons. Wyatt und seine Brüder machten die Clanton-Gruppe für das Hold-Up verantwortlich. Die Gegenseite behauptete, der Earp-Freund Doc Holliday sei der Schuldige.

Im O.-K.-Corral von Tombstone standen sich am 26. Oktober 1881 die verfeindeten Sippen gegenüber, um ihre Probleme nach Landessitte zu lösen: mit dem Revolver. Beide Parteien traten mit Hilfstruppen an: Die Brüder Ike und Billy Clanton wurden von ihren Freunden Tom und Frank McLowery sowie von dem jungen Billy Claiborne begleitet. »Old Man« Clanton konnte an dem Kampf nicht mehr teilnehmen. Er war einige Monate zuvor von Mexikanern erschossen worden.

Gegen die fünf Clanton-Leute traten vier ganz in Schwarz gekleidete Männer an: Saloonkeeper Wyatt Stapp Earp, US. Deputy-Marshal Virgil Earp, Morgan Earp und John H. Holliday, der lungenkranke Ex-Zahnarzt, Spieler und Revolvermann.

Das legendärste Showdown der amerikanischen Geschichte dauerte nicht einmal eine Minute. Siebzehn Schüsse fielen. Als sich die Rauchwolken verzogen hatten, waren die Brüder McLowery tot, Billy Clanton lag im Sterben. Sein Bruder Ike und Billy Claiborne flüchteten vom Schauplatz.

Aber auch die Gegenpartei war nicht ohne Blessuren geblieben. Eine Kugel steckte in der Schulter von Morgan Earp, eine im Bein seines Bruders Virgil. Doc Holliday und Wyatt Earp hatten den Schußwechsel unverletzt überstanden.

Das Duell am O.-K.-Corral bedeutete noch längst nicht das Ende der blutigen Fehde. Die Clantons hatten viele Freunde, darunter auch solche, die der Ausrottung der Sippe nicht tatenlos zusehen wollten.

In offenen Särgen wurden die Leichen der McLowery-Brüder und des jungen Billy Clanton in einem Schaufenster in Tombstone ausgestellt, freilich nicht zum Ruhm der Earp-Partei, sondern zu ihrer Schande: »Murdered in the streets of Tombstone« (In den Straßen von Tombstone ermordet) stand auf einem Schild, das die Freunde der Clantons neben den Särgen angebracht hatten.

Die verbitterte Clanton-Bande gab keine Ruhe. Am 28. Dezember 1881 wurde Virgil Earp aus dem Hinterhalt angeschossen. Kugeln in der Hüfte und im Bein machten ihn zum Krüppel. Doch damit nicht genug: Fünf Monate nach der Auseinandersetzung am O.-K.-Corral wurde Morgan Earp von einer ebenfalls aus dem Hinterhalt abgefeuerten Kugel tödlich getroffen.

Die überlebenden Earps verließen Tombstone. Der verkrüppelte Virgil und seine Frau fuhren nach Kalifornien, Wyatt stellte mit einer Posse den Clanton-Männern nach. Ike Clanton, sein Bruder Phin, der berüchtigte John Ringgold alias »Ringo« und einige andere Bandenmitglieder zogen es vor, sich nach Mexiko abzusetzen. Curly Bill Brocius stellte sich zum Kampf und wurde von Wyatt Earp in Iron Springs erschossen. Ebenfalls auf der Strecke geblieben waren Indian Charlie und Frank Stilwell, den Wyatt als ersten nach dem Mord an seinem Bruder erschoß. Er brachte Stilwell freilich unter so mysteriösen Umständen zu Tode, daß Sheriff Behan ihn verhaften wollte.

Seltsam genug: Die Schlacht am O.-K.-Corral haben fleißige Amateurhistoriker akribisch genau rekonstruiert. Der Abstand der kämpfenden Männer voneinander ist ebenso überliefert wie die Zahl der abgefeuerten Kugeln. Doch über die Hintergründe der Auseinandersetzung zwischen den Earps und den Clantons herrscht bis heute Ungewißheit. Die blutige Fehde, in ihrer Rigorosität an sizilianische Blutrache erinnernd, wird wohl für immer geheimnisumwittert bleiben. Immerhin deuten alle historisch gesicherten Tatsachen darauf hin, daß auch die Westen des Earp-Clans keineswegs so weiß waren, wie Wyatt zeit seines Lebens behauptete. Und auch die Figur des legendenumwobenen Revolvermannes selbst bleibt in seltsamem Zwielicht: Seine Auftritte in Wichita und Dodge City weisen ihn keineswegs als Helden aus.

Wyatt Stapp Earp starb 1929 als reicher Mann. Wie nur wenigen war es ihm vergönnt, seine eigene Legende wachsen zu sehen. Wo immer er auch auftauchte, ob in Alaska zur Zeit des Goldrausches oder als Ringrichter des Schwergewichts-Weltmeisterschaftskampfes von 1896: Überall begegnete man ihm mit Respekt und Achtung.

Doc Holliday, dem Gefährten aus den unruhigen Tagen von Tombstone, wurde ein weniger glückliches Schicksal zuteil. Er starb 1885 in einem Sanatorium in Glenwood Springs, Colorado, an Lungentuberkulose. Er wurde nur 35 Jahre alt.

Tod in New Mexico
Billy the Kid und Pat Garrett

Das Kapitel von Leben und Tod des William H. Bonney ist so umstritten wie kein anderes in der Geschichte der amerikanischen Outlaws. Über keinen anderen Gesetzesbrecher des Westens wurde so viel und zugleich so widersprüchlich geschrieben.

Als der Junge mit dem Beinamen Billy the Kid am 14. Juli 1881 unter den Kugeln von Sheriff Patrick Floyd Garrett fiel, war er bereits eine legendäre Figur: der berühmteste Outlaw, der den unruhigen Südwesten je unsicher machte.

Generationen von Historikern, Schriftstellern und Filmregisseuren lieferte sein kurzes Leben reichen Stoff für die kuriosesten Interpretationen.

Der berühmteste unter den Outlaws des Südwestens stammte aus dem Osten. In den Slums von New York City wurde William H. Bonney am 23. November 1859 geboren. Drei Jahre später zog seine Familie in den Westen und ließ sich in Coffeyville, Kansas, nieder. Nach dem Tod ihres Mannes übersiedelte Mrs. Bonney mit ihrem Sohn nach Colorado, wo sie kurze Zeit später William Antrim heiratete. Ende der sechziger Jahre ging die kleine Familie nach New Mexico und wurde in Silver City seßhaft.

Der junge Billy wird allgemein als freundlicher, hilfsbereiter Knabe von ausgesuchter Höflichkeit geschildert, der seiner Mutter mit anhänglicher Zärtlichkeit zugetan war. Auch spätere Beschreibungen rühmen sein angenehmes Wesen und seine ausgezeichneten Manieren.

Im Alter von zwölf Jahren soll Billy the Kid »seinen ersten Mann« getötet haben, ein übles Subjekt, das seine Mutter beleidigt hatte. Die Tat zwang den Halbwüchsigen zur Flucht. Der Legende nach führte er in den folgenden Jahren ein Abenteurerleben als Spieler in Arizona und Mexiko, brachte fünfzehn Menschen um, hauptsächlich Indianer und Mexikaner, und kehrte 1876 als Siebzehnjähriger nach New Mexico zurück.

Allein Billys erneutes Auftauchen in New Mexico ist historisch belegt. Die Liste der Bluttaten, die der Junge vorher verübt haben soll, entstammt der Phantasie seines Mörders Pat Garrett, der ein Jahr nach Billys Tod eine Biographie seines Opfers schrieb: ›The Authentic Life of Billy the Kid‹. Garretts blutrünstige Saga diente hauptsächlich dem Zweck, seine von allen Seiten heftig kritisierte Tat zu rechtfertigen. So erscheint es kaum verwunderlich, daß er den Jungen als einen gefährlichen Mörder darstellte, der schon als Halbwüchsiger mehr als ein Dutzend Menschen tötete.

Garrett, unterstützt von dem Journalisten Ashmun Upson, ließ seiner Phantasie die Zügel schießen und sparte nicht an melodramatischen Schilderungen. So heißt es beispielsweise in seinem Buch an der Stelle, wo beschrieben wird, wie Billy zum erstenmal einen Menschen tötete: »... er ging hinaus in die Nacht, ein Ausgestoßener und ein Umherirrender, ein Mörder, der sich selbst mit Menschenblut getauft hatte... Seine Hand erhob sich nun gegen jeden Mann, und jeden Mannes Hand erhob sich gegen ihn. Er verließ für immer die Fürsorge, die Liebe und den Einfluß einer zärtlichen Mutter, deren Gesicht er niemals wiedersehen würde...«

Jahrzehntelang schenkte man der rührseligen Biographie von Garrett und Upson Glauben, bis schließlich detaillierte Nachforschungen ergaben, daß keine von Billys angeblichen Bluttaten historisch belegt ist. Was er tatsächlich in den Jahren zwischen 1871 und 1876 getrieben hat, wird wohl nie geklärt werden können.

Im Sommer 1876 begann in New Mexico eine ebenso langwierige wie blutige Fehde zwischen einigen Rinderbaronen, die als »Lincoln County War« in die Geschichte einging. Die Auseinandersetzung im Lincoln County gehört in eine lange Reihe von Weidekriegen, die nach dem Bürgerkrieg den Südwesten erschütterten, darunter die Sutton-Taylor-Fehde in Texas, in die Wes Hardin verwickelt war.

Als Hauptgestalt des »Lincoln County War« trat John S. Chisum auf, bekannt als der Viehkönig von New Mexico. Chisum war der größte Viehzüchter des Territoriums. Einen Eindruck von seiner Stellung vermittelt ein Bericht, der am 25. November 1875 in der ›Las Vegas Gazette‹ erschien: »Die Chisum Ranch liegt am Pecos River in New Mexico. Sie erstreckt sich im Süden entlang des Flusses von der Nähe von Fort Sumner bis nach Seven Rivers über eine Entfernung von 150 Meilen. Das ist die Ausdehnung des Besitzes von Süden nach Norden. In ostwestlicher Richtung reicht er so weit, wie ein Mann auf einem guten Pferd in einem Monat reiten kann...«

Die kleineren Viehzüchter des Territoriums fühlten sich allmählich von Chisum erdrückt. Sie schlossen sich unter Major

Lawrence G. Murphy und Major J. J. Dolan zusammen und warfen Chisum vor, er wolle sie aus dem Pecos-River-Tal verdrängen. Der Viehkönig wiederum bezichtigte seine Kontrahenten des Viehdiebstahls. Unterstützt wurde er von dem frisch aus England eingetroffenen John H. Tunstall und dem Anwalt Alexander A. McSween, während die Gegenseite von Thomas B. Catron juristisch beraten wurde.

Im Sommer 1876 artete der Interessenkonflikt zwischen Chisum und den kleinen Züchtern in einen zähen Kleinkrieg aus. Und hier begegnen wir zum erstenmal dem jungen William H. Bonney.

Der Siebzehnjährige arbeitete als Cowboy auf Tunstalls Ranch am Rio Feliz. Wegen seiner Jugend nannte man ihn »Billy the Kid«. Unter seinen Gefährten galt der Junge als liebenswürdig und großzügig. Der Cowboy Frank Coe schrieb später über ihn: »Ja, er hatte damals schon einige Männer getötet, aber das schien nicht auf ihm zu lasten. Er war der fröhlichste Junge, den ich je getroffen habe, keiner von der grimmigen und finsteren Sorte. Er war überaus gesprächig, und es schien mir, daß er die Hälfte der Zeit lachte.«

Eine besondere Zuneigung faßte Billy zu John H. Tunstall. Der ohne Vater aufgewachsene Junge schloß sich eng an den offenbar gutmütigen Engländer an, der seinerseits Gefallen an der Vaterrolle fand. Und wahrscheinlich wäre William H. Bonney ein anonymer Cowboy geblieben, wenn Tunstall nicht in den Lincoln County War verwickelt gewesen wäre.

Am 18. Februar 1878 erschien eine Posse unter der Führung von Hilfssheriff William S. Morton auf der Ranch am Rio Feliz. Tunstall und einige Cowboys arbeiteten draußen, als sich die Reiter näherten. Morton forderte die Herausgabe einiger Pferde, die angeblich Major Murphy gehörten. Tunstall weigerte sich, die Tiere herauszugeben. Daraufhin schossen ihn Morton und seine Männer ohne Warnung nieder. Er war sofort tot.

Am Abend des gleichen Tages kam Billy the Kid auf die Ranch zurück und hörte vom Tod seines väterlichen Freundes. An Tunstalls Grab soll er geschworen haben: »Ich werde jeden Mann töten, der in diesen Mord verwickelt war, oder ich werde dabei sterben.« Und von Tunstall sagte er: »Er war der einzige Mensch, der mich jemals wie einen freien weißen Mann behandelt hat.«

Aus dem Cowboy wurde ein Killer. Aufs äußerste verbittert über den sinnlosen Tod seines Freundes, begann Billy einen blutigen Rachefeldzug.

Chisum schaltete sich ein und erreichte durch die Vermittlung von Anwalt McSween, daß Tunstalls Vormann Dick Brewer zum Spezial-Polizisten ernannt wurde. Auf diese Weise wurde bei der Verfolgung von Tunstalls Mördern ein Schein von Legalität gewahrt.

Brewer machte sich sofort ans Werk. Er ernannte einige der berüchtigtsten Revolvermänner des Südwestens zu seinen Gehilfen, darunter Charlie Bowdre, Tom O'Folliard, Henry Brown, Frank McNab, Jim French, John Middleton, die Brüder Frank und George Coe – und William H. Bonney alias Billy the Kid.

Hilfssheriff Morton überlebte sein Opfer Tunstall nur um weniger als einen Monat. Zusammen mit Frank Baker, einem anderen Mitglied der Mord-Posse, geriet er in die Hände von Brewer und seinen Leuten. In der Nähe von Lincoln wurden die beiden wehrlosen Männer liquidiert. Es heißt, Billy the Kid habe sie mit zwei Schüssen niedergestreckt. Aber auch William McCloskey, einer von Brewers Leuten, überlebte den Tag nicht. Er wollte die beiden retten und wurde von McNab kaltblütig erschossen.

Diese drei Toten von Dead Man's Hole waren die ersten Opfer einer blutigen Fehde. Als nächsten erwischte es Brewer selbst. Er wurde von einem Killer der Murphy-Dolan-Partei ermordet. Nach Brewers Tod übernahm Billy the Kid das Kommando über den wilden Haufen.

Sein gefährlichster Gegner war das Gesetz in Gestalt von Sheriff Brady, der im Dienst von Murphy und Dolan stand. Am 1. April, knapp sechs Wochen nach Tunstalls Tod, entledigte sich Billy dieses Widersachers. Aus dem Hinterhalt schossen er und seine Männer Sheriff Brady und Deputy George Hindman nieder. Die Tat geschah mitten in Lincoln. Zwei weiteren Begleitern Bradys gelang die Flucht aus dem Kugelhagel.

Am 17. Juli spitzte sich der Konflikt zu. Billy the Kid verschanzte sich mit seinen Leuten im Haus von Anwalt McSween in Lincoln. Als der nach Bradys Tod zum Sheriff gewählte George Peppin davon hörte, ließ er die Zuflucht der Outlaws von sechzig Männern umstellen. Schon in den vorausgegangenen Wochen war er Billy auf der Spur gewesen, hatte ihn aber nicht stellen können. Jetzt endlich schien der jugendliche Outlaw in der Falle zu sitzen.

Billy gab nicht auf. Als McSween mit ungefähr zwanzig Männern Verstärkung anrückte, konnte er neue Hoffnung schöpfen, obwohl er und seine Männer immer noch in der Minderzahl waren. Drei Tage und drei Nächte dauerte die Belagerung. Beide Parteien kämpften mit großer Verbissenheit, doch offenbar ohne rechte Treffsicherheit: Niemand wurde verletzt.

Im Hause McSweens kommandierte Billy mit Autorität und Umsicht. McSween selbst, so berichtete später ein Augenzeuge, war mit seinen Nerven am Ende und erflehte Gottes Hilfe. Billy soll ruhig geantwortet haben: »Gehen Sie und flehen Sie zu Gott. Wir anderen werden uns lieber auf unsere Revolver verlassen.«

Als es Peppin auch am dritten Tag nicht gelungen war, eine Entscheidung herbeizuführen, nahm sich die Armee der Angelegenheit an. Am Nachmittag des 19. Juli erschien Colonel Dudley mit zwei Zügen farbiger Kavalleristen und zwei Kanonen aus dem Bürgerkrieg. Nachdem er das Schlachtfeld in Augenschein genommen hatte, forderte er beide Seiten zum Einstellen des Feuers auf, allerdings ohne Erfolg. Während Billy und seine Männer die Vorgänge vor dem Haus beobachteten, schlichen sich einige von Peppins Leuten unbemerkt zum Hintereingang und legten Feuer. Als Billy die neue Lage überschaute, war es schon zu spät: Das Haus stand in hellen Flammen.

Die Situation schien hoffnungslos. Den Eingeschlossenen blieb nur die Wahl, bei lebendigem Leib zu verbrennen oder in den Kugelhagel von Peppins Männern zu laufen, die allein die im Haus befindlichen Frauen unbehelligt passieren lassen wollten.

Nachdem die drei Frauen das Haus verlassen hatten, wagten zunächst Harvey Morris und Francisco Semova den Ausbruch. Sie hatten kaum einen Fuß vor die Tür gesetzt, als sie von mehreren Kugeln getroffen tot zu Boden stürzten. Vicente Romero erging es nicht anders.

Dann kam McSween. Er schwenkte eine Bibel in der Hand und rief laut seinen Namen. Es nützte ihm nicht: Auch er wurde sofort erschossen.

Billy und die übrigen nutzten einen Moment der Verwirrung bei den Belagerern und liefen nach allen Seiten davon. Die meisten entkamen im Schutz der Dunkelheit ohne nennenswerte Verletzungen.

Sechs Tote und zahlreiche Verwundete blieben auf dem Schlachtfeld zurück. Billy the Kid war noch einmal davongekommen. Er suchte in den folgenden Monaten mit Terror und Gewalt die Umgebung von Lincoln heim.

Der Lincoln County War wurde allmählich ein Politikum, für das sich notwendig auch der Gouverneur interessierte. Der hieß

Lew Wallace und schrieb gerade an einem historischen Roman, der ihn später weltberühmt machte: ›Ben Hur‹.

Am 17. März 1879 kam es zu einem Treffen zwischen dem Gouverneur und dem Outlaw. Wallace, der Billy freies Geleit versprochen hatte, wollte den jugendlichen Revolvermann zum Verlassen von New Mexico bewegen. Als Gegenleistung bot er ihm eine Generalamnestie an. Nach anderen Quellen war es nicht der Gouverneur, sondern Billy selbst, der das Treffen anregte. Er wollte als Kronzeuge in einem Mordfall aussagen, zuvor aber vom Gouverneur eine Garantie für seine Sicherheit bekommen.

Wie auch immer: Die Zusammenkunft brachte offenbar für beide Seiten kein befriedigendes Ergebnis, denn kurze Zeit später erließ Lew Wallace einen Steckbrief gegen Billy the Kid:

»Ich zahle 500 Dollar Belohnung demjenigen oder denjenigen, die William Bonny (Anmerkung: die fehlerhafte Schreibweise des Namens Bonney entspricht der Aufschrift des Steckbriefes) alias The Kid festnehmen und ihn irgendeinem Sheriff von New Mexico ausliefern. Ausreichende Beweise für seine Identität werden verlangt. Lew Wallace, Gouverneur von New Mexico.«

Billy the Kid war wieder auf der Flucht. Er ging nach Fort Sumner, wo er viele Freunde hatte und sich sicher wußte. Im Januar 1880 tauchte ein gewisser Joe Grant in Fort Sumner auf, der überall prahlte, er werde den berüchtigten Outlaw zur Strecke bringen. Doch wieder kam es anders: Billy war schneller und erschoß Grant in einem fairen Duell.

Wenn ihm seine Aktionen im Lincoln County War Zeit dazu ließen, betätigte sich Billy the Kid als Pferdedieb. Und zwar mit solchem Erfolg, daß die Behörden von Lincoln County allmählich die Geduld verloren und sich nach einem Mann umsahen, der dem jugendlichen Outlaw das Handwerk legen könnte. Sie fanden ihn in Patrick Floyd Garrett, einem hochgewachsenen schnauzbärtigen Mann aus Alabama.

Pat Garrett wurde am 5. Juni 1850 in Chambers County, Alabama, geboren. Seine Jugend verlebte er in Claiborne Parish, Louisiana. 1869 verließ er das Elternhaus und ging nach Texas, wo er in den folgenden Jahren als Cowboy arbeitete.

Im Herbst 1878 tauchte Garrett zum erstenmal in New Mexico auf. Der schweigsame Cowboy und Revolvermann ließ sich in Fort Sumner nieder, wo er zum erstenmal dem jungen William H. Bonney begegnete. Der Legende nach schloß das ungleiche

Paar eine herzliche Freundschaft, was allerdings in Anbetracht der späteren Geschehnisse nicht sehr wahrscheinlich ist. Fest steht immerhin, daß Garrett und Billy the Kid eine Zeitlang zusammen Karten spielten.

Pat Garrett war ein Mann mit Ehrgeiz. Als Billy the Kid und seine Bande Lincoln County unsicher machten, sah der Cowboy unversehens eine Chance, sich einen Namen zu machen. Garrett ließ überall verbreiten, er sei der geeignete Mann, um dem ungeliebten Billy und den übrigen Mördern und Pferdedieben das Handwerk zu legen. Seine Law-and-Order-Parolen stießen auf offene Ohren: Im Herbst 1880 wurde Patrick Floyd Garrett nach einer militant geführten Kampagne zum Sheriff von Lincoln County gewählt.

Er begann sofort, seine Wahlversprechungen in die Tat umzusetzen. Als erstes Opfer der Jagd auf Billy the Kid blieb dessen rechte Hand Tom O'Folliard auf der Strecke. Am 21. Dezember 1880 schien es dann auch mit Billy selbst aus zu sein. Garrett hatte ihn und vier seiner Gefährten bis zu einem Ort mit dem bemerkenswerten Namen »Stinking Springs« (Stinkende Quellen) verfolgt, wo sich die Outlaws in einer einsamen Hütte verbarrikadierten.

Garrett und seine Männer richteten sich auf eine lange Belagerung ein, denn Billy war für seine Zähigkeit bekannt.

Am Morgen zeigte sich ein Mann in der Tür, den die Belagerer für Billy hielten. Sie gaben sieben Schüsse ab, der Mann taumelte tödlich verwundet in die Hütte zurück. Kurze Zeit später kam er noch einmal heraus, stolpernd und mit erhobenen Händen. Drinnen rief eine Stimme: »Sie haben dich ermordet, Charley, aber du kannst dich rächen. Bring einige von den Hundesöhnen um, bevor du stirbst.« Der tödlich Getroffene kam nicht mehr dazu, dieses Vorhaben in die Tat umzusetzen. Er murmelte: »Ich wünsche ... ich wünsche ...« Und dann: »Ich sterbe.« Dies war zweifellos eine zutreffende Bemerkung, denn kaum hatte er die beiden Worte gesprochen, brach er tot zusammen.

So jedenfalls schildert Pat Garrett den Auftakt der Belagerung. Mag sein, daß es in Wirklichkeit sehr viel weniger dramatisch zugegangen ist. Auf jeden Fall war der Tote nicht William H. Bonney alias Billy the Kid, sondern Charley Bowdre, einer von Billys engsten Freunden.

Wenn man Garretts eher romanhaft angelegtem Bericht Glauben schenken kann (man kann es nicht!), so erlebten Belagerer wie Belagerte nach dem mißlichen Zwischenfall mit Charley Bowdre einen recht heiteren Tag:

»Ich fing jetzt ein Gespräch mit den Eingeschlossenen an. Ihr Wortführer war Billy. Ich fragte ihn, wie es ihm da drinnen ginge. ›Ausgezeichnet‹, antwortete der Kid, ›aber wir haben kein Holz, um uns ein warmes Frühstück zu machen.‹ – ›Komm 'raus‹, sagte ich, ›und hol dir welches. Sei ein bißchen gesellig.‹ – ›Geht nicht, Pat‹, antwortete er, ›ich hab' zuviel zu tun. Keine Zeit, in der Gegend herumzulaufen.‹«

So verging unter launigen Dialogen, die wohl mehr Ashmun Upson als Pat und Billy zugeschrieben werden müssen, allmählich der Vormittag. Gegen 12 Uhr wurden die Belagerer hungrig und ritten in zwei Gruppen nacheinander zu einer drei Meilen entfernt gelegenen Farm, wo sie ohne Hast zu Mittag aßen.

Nachmittags um 4 Uhr traf ein Verpflegungswagen des Farmers vor der Hütte ein. Die Belagerer brieten Fleisch am Spieß, während dem hungrigen Billy und seinen Mannen verführerische Düfte um die Nasen wehten. So kam es, immer noch nach Garrett und Upson, wie es schließlich kommen mußte: »Knurrende Mägen besiegten tapfere Herzen.« Billy und seine Freunde Wilson, Pickett und Rudabaugh ergaben sich.

Am 8. April 1881 wurde William H. Bonney in Mesilla zum Tode verurteilt. Die Hinrichtung sollte am 13. Mai in Lincoln stattfinden.

»Lincoln County«, bekennt Garrett freimütig in seinem Bericht, »besaß niemals ein Gefängnis ..., das auch nur für einen Krüppel ausbruchssicher war.« So wurde der zum Tode Verurteilte in einem ehemaligen Warenhaus untergebracht und von zwei Deputies bewacht.

Am Abend des 28. April 1881 war Billy mit einem seiner Bewacher allein. Er nutzte einen Moment der Unachtsamkeit, bekam einen Six-Shooter aus dem Waffenschrank zu fassen und schoß den Deputy Sheriff J. W. Bell nieder. Als die zweite Wache, Deputy Marshal Robert Olinger, die Schüsse hörte und zum provisorischen Gefängnis lief, hatte sich Billy bereits ein Gewehr besorgt und war auf alles vorbereitet. Olinger überlebte den Abend ebensowenig wie Bell.

Das letzte Kapitel von William H. Bonneys kurzem Leben sah den jungen Outlaw wieder auf der Flucht, verfolgt von Pat Garrett.

Dulcinea del Toboso soll der Name der mexikanischen Schönen gewesen sein, derentwillen Billy the Kid noch einmal nach Fort Sumner kam, bevor er für immer nach Mexiko verschwinden wollte.

Wir wissen nicht, ob es tatsächlich ein Mädchen war, das den jungen Mann nach Fort Sumner lockte. Sicher dagegen ist, daß Garrett von einem Farmer namens Brazil den Tip bekam, Billy halte sich in Pete Maxwells Haus in Fort Sumner auf. Maxwell war sowohl ein Freund Garretts als auch ein alter Bekannter von Billy.

Mit seinen Gehilfen John W. Poe und Thomas K. McKinney machte sich Pat Garrett auf den Weg. In der Nacht des 14. Juli schlichen sich die drei Männer unbemerkt zu Maxwells Haus. Was dann folgte, spielte sich in einem finsteren Zimmer ab:

»Es war fast Mitternacht, und Pete lag im Bett. Ich ging zum Kopfende des Bettes und setzte mich neben ihm hin, in der Nähe des Kopfkissens. Ieh fragte ihn, wo der Kid sei. Er sagte, der Kid sei mit Sicherheit hiergewesen, aber er wisse nicht, ob er schon gegangen sei oder nicht. Im gleichen Augenblick sprang ein Mann schnell in die Tür und rief zweimal auf spanisch: ›Wer kommt da?‹ Als niemand antwortete, kam er herein. Er war barhäuptig. Sein Schritt verriet mir, daß er entweder barfuß war oder auf Strümpfen ging. Er hielt einen Revolver in der rechten Hand und ein Fleischermesser in der linken.

Er kam direkt auf mich zu. Bevor er das Bett erreichte, flüsterte ich: ›Wer ist das, Pete?‹, doch bekam ich im Augenblick keine Antwort. Ich dachte, es könnte Petes Stiefbruder Manuel Abreu sein, der Poe und McKinney gesehen hatte und wissen wollte, was sie hier zu suchen hätten. Der Eindringling kam in meine Nähe, fast mein Knie berührend, und fragte leise: ›Wer sind sie, Pete?‹ Im gleichen Moment flüsterte Maxwell mir zu: ›Er ist es!‹ Im selben Augenblick muß Kid die Anwesenheit einer dritten Person gesehen oder gefühlt haben. Er hob schnell seine Pistole..., nicht mehr als einen Fuß von meiner Brust entfernt. Noch einmal rief er schnell durch das Zimmer: ›Quien es? Quien es?‹ (Wer ist da?) All das geschah in einem einzigen Augenblick. So schnell wie möglich zog ich meinen Revolver und schoß, warf mich zur Seite und schoß wieder. Der zweite Schuß war überflüssig; der Kid fiel tot um. Er sagte nichts mehr. Eine oder zwei Zuckungen, ein kleines würgendes Geräusch, als er zu atmen versuchte – dann war der Kid seinen vielen Opfern gefolgt.«

Soweit Pat Garretts Bericht von Billys Ende. Liest man ihn aufmerksam, so stößt man auf einige seltsame Ungereimtheiten, die ihn ziemlich unglaubwürdig erscheinen lassen. So will Garrett trotz der totalen Finsternis im Zimmer einen Revolver und ein Messer in Billys Händen gesehen haben, obwohl er den Mann selbst angeblich auch auf wenige Schritte Entfernung nicht erkannte. Unglaubwürdig erscheint auch, daß Billy, dem die Sache doch offensichtlich recht verdächtig vorkam, erst fragte und dann schoß. Vorher hatte er gewöhnlich in umgekehrter Reihenfolge gehandelt.

Die Gerüchte verstummten nie, Pat Garrett habe Billy keine Chance gelassen und ihn ohne Umstände kaltblütig niedergeschossen. Was sich tatsächlich in jener Nacht in Fort Sumner abspielte, wurde nie eindeutig geklärt.

Als William H. Bonney erschossen wurde, war er 21 Jahre alt. Es heißt, er habe 21 Menschen getötet, für jedes Jahr seines Lebens einen, »Indianer und Mexikaner nicht mitgezählt«.

»The Boy who never grew old«: Die Legende von Billy the Kid, dem freundlichen jungen Mann und erbarmungslosen Rächer seines Freundes, hat William H. Bonney überlebt.

Wer war dieser Junge wirklich? Mit Sicherheit ein umsichtig operierender Pferdedieb, »quick on the draw«, ein schneller und sicherer Schütze, wohl auch ein Mörder, obwohl die Zahl 21 gewiß übertrieben ist. Nicht einmal die Hälfte seiner angeblichen Morde läßt sich nachweisen.

Die Figur dieses posthum zum Nationalhelden stilisierten Outlaws ist von seltsamem Zwielicht umgeben. Was wäre aus dem entwurzelten Jungen aus den Slums von New York geworden, wenn Tunstall den Lincoln County War überlebt hätte? Wurde er nur zufällig zum Verbrecher? Oder diente ihm Tunstalls Tod allein als Vorwand zum Stehlen und Morden? – Fragen, die sich nicht mehr mit Sicherheit beantworten lassen, die aber den Billy-the-Kid-Mythos immerhin so zweifelhaft erscheinen lassen wie die Legenden vieler anderer berühmter Outlaws.

Nach der Nacht von Fort Sumner wurde Pat Garrett seines Lebens nicht mehr recht froh. In New Mexico verzieh man ihm nie, daß er den zum Idol gewordenen Billy unter recht merkwürdigen Begleitumständen erschossen hatte.

Obwohl er mit seinem Buch den Gerüchten entgegentrat, wurde er als Sheriff von Lincoln County nicht wiedergewählt. Seine Nachfolge trat jener John W. Poe an, der in der Mordnacht mit dabeigewesen war, ohne jedoch selbst geschossen zu haben.

Nicht einmal die für Billys Ergreifung ausgesetzte Belohnung von 500 Dollar wollte das Territorium New Mexico dem verbitterten Ex-Sheriff zahlen. Die Behörden vertraten den Standpunkt, daß allein ein lebendiger William H. Bonney das Geld wert gewesen wäre. Tatsächlich heißt es in dem Erlaß von Gouverneur Wallace: »... reward will be paid for the delivery...«, für die Auslieferung also, ohne den zeitweise üblichen Zusatz »dead or alive« – tot oder lebendig. Wahrscheinlich jedoch hätte Garrett bei der Eintreibung der Belohnung weniger Schwierigkeiten gehabt, wenn sein Opfer nicht ausgerechnet Billy the Kid gewesen wäre. So gelang es ihm erst 1882, zu seinem Geld zu kommen. Es heißt, er habe fast die ganze Summe von 500 Dollar aufwenden müssen, um die Behörden in Santa Fé zu seinen Gunsten zu beeinflussen.

Patrick Floyd Garrett zog sich ins Privatleben zurück und wurde Viehzüchter. Als sein Brandzeichen ließ er PAT eintragen. 1885 ernannte ihn der Gouverneur von Texas zum Captain der Texas Rangers. Garrett sollte die Grenze zwischen New Mexico und Texas von Viehdieben säubern, gab den Auftrag aber schon nach wenigen Monaten zurück.

Später versuchte er noch einmal Sheriff zu werden, scheiterte aber an der Opposition von John W. Poe. Er trat von der Demokratischen zur Republikanischen Partei über und kehrte 1897 nach New Mexico zurück, noch immer belastet mit dem Ruf, der feige Mörder des jungen Billy zu sein.

1901 wurde der Posten eines Zollinspektors im Hafen von El Paso frei. Garrett sah eine letzte Chance, noch einmal zu Amt und Würde zu gelangen. Tatsächlich erhielt er den Posten, nicht zuletzt auf Grund Präsident Theodore Roosevelts Schwäche für berühmte Revolvermänner. Garrett blieb vier Jahre in El Paso.

Am 29. Februar 1908 wurde der Mörder von Billy the Kid ermordet. Ein Mann namens Brazil erschoß ihn auf dem Weg zu seiner Ranch. Brazil wurde freigesprochen.

Song of Billy the Kid

I'll sing you a true song of Billy the Kid
I'll sing of the desperate deeds that he did
Way out in New Mexico, long, long ago
When a man's only chance was his own forty four

When Billy the Kid was a very young lad
In old Silver City he went to the bad
Way out in the West with a gun in his hand
At the age of twelve years he killed his first man

Fair mexican maidens play guitars and sing
A song about Billy, their boy bandit king
How here his young manhood had reached its sad end
He'd a notch on his pistol for twenty-one men

It was in the same night when poor Billy died
He said to his frieds: »I am not satisfied
There are twenty-one men I have put bullets through
And Sheriff Pat Garrett must make twenty-two.«

Now, this is how Billy the Kid met his fate
The bright moon was shining, the hour was late
Shot down by Pat Garrett, who once was his friend
The young outlaw's life had now come to its end

There's many a man with a face fine and fair
Who starts out in life with a chance to be square
But just like poor Billy he wanders astray
And loses his life in the very same way

(Im Zeitraffer wiederholt dieser »true song« – dieses »wahre Lied« – die vergoldete Legende und spart die Wirklichkeit aus. »Schöne mexikanische Mädchen spielen auf der Gitarre und singen das Lied von Billy, ihrem jungenhaften Banditenkönig . . .«)

Der Prinz der Pistoleros
James Butler Hickok

»Bill war ein seltsamer Charakter... Er war sechs Fuß, einen Zoll groß, schlank wie der schmalste Indianer, deren unversöhnlichster Feind er war; die Schultern waren breit, Brust und Glieder wohlgebildet. Das Gesicht war auffallend schön... die Nase fein geschwungen ... Haut und Haare waren die eines vollkommenen Blonden. Das Haar fiel in ungeschnittenen Lokken über die mächtigen Schultern.«

James Butler Hickok war ein schöner Mann, der seine Umwelt außer durch seine imposante körperliche Erscheinung auch durch die erlesene Extravaganz seiner Kleidung zu beeindrucken pflegte. Wie sehr, mag man der obigen Beschreibung entnehmen, die sich fast wie eine Liebeserklärung liest. Ihr Verfasser heißt George Armstrong Custer, und es ist kein anderer als jener unglückselige »Boy General«, der am 25. Juni 1876 mit 225 Soldaten am Little Bighorn von den Sioux getötet wurde.

Seine Zeitgenossen verliehen dem schönen Mr. Hickok den Beinamen »Wild Bill«, und der auf diese Weise Geehrte tat alles, um seinem Ruf gerecht zu werden.

Im Februar 1867 erschien in ›Harper's New Monthly Magazine‹ ein langer Artikel über Wild Bill, der die Ruhmestaten des langhaarigen Revolvermannes in ganz Nordamerika bekanntmachte. Sein Autor, George Ward Nichols, hatte Hickok in Springfield, Missouri, getroffen und sich von dem wortgewaltigen Helden allerlei Bären aufbinden lassen, die er in ›Harper's Magazine‹ seinen Lesern ohne Einschränkung weitererzählte.

Immerhin fiel auch dem gutgläubigen Nichols das bemerkenswerteste Persönlichkeitsmerkmal Wild Bills auf: »Die Augen sind so sanft wie die einer Frau. Tatsächlich scheint die feminine Art beträchtlich durch, und man glaubt es kaum, daß man in Augen blickt, die Hunderten von Männern den Weg ins Jenseits gewiesen haben. Ja, Wild Bill hat Hunderte von Männern mit seinen eigenen Händen getötet. Ich zweifle nicht daran. ›Er schießt, um zu töten‹, sagt man an der Grenze.«

Wild Bill erzählte dem Journalisten einige phantasievolle Geschichten, zum Beispiel vom »McCanles Massacre«, bei dem er ganz allein zehn bis an die Zähne bewaffnete Männer zu Tode brachte. Außerdem wollte Hickok während des Bürgerkrieges fünfzig Soldaten der konföderierten Armee mit fünfzig Schüssen getötet haben.

Auf diese Weise entstand schon zu seinen Lebzeiten die Wild-Bill-Hickok-Legende, die Wild Bill selbst und andere Journalisten in den folgenden Jahren so zielstrebig ausbauten, daß die Wahrheit unter einem Gestrüpp wildromantischer Lügengeschichten verschwand.

James Butler Hickok wurde 1837 als vierter Sohn eines Ladenbesitzers in Troy Grove, Illinois, geboren. Er sollte Geistlicher werden, eine Vorstellung, die dem Jungen offensichtlich nicht behagte, denn er riß von zu Hause aus und ging nach Westen.

1856 schloß er sich den »Red Legs« von General James Henry Lane an und nahm am Grenzkrieg zwischen Kansas und Missouri teil. Bei seinem Engagement lag ihm vermutlich weniger die Doktrin der »Squatter Sovereignty« am Herzen, der zufolge die Bevölkerung von Kansas selbst entscheiden sollte, ob sie als sklavenfreier oder sklavenhaltender Staat in die Union aufgenommen werden wollte, als vielmehr die lange ersehnte Möglichkeit zu kriegerischer Betätigung.

Auch andere berühmte Revolvermänner gingen durch die Schule dieses Grenzkrieges: Auf der Gegenseite ritten bekanntlich die Brüder Frank und Jesse James und Cole Younger in der Guerilla-Truppe des berüchtigten Banditen Quantrill.

Zu erstem Ruhm gelangte Wild Bill freilich nicht auf dem Schlachtfeld, sondern bei einer dubiosen Affäre, die als »McCanles Massaker« bekannt wurde.

Wild Bill pflegte später zu erzählen, er habe David C. McCanles an jenem 12. Juli 1861 zusammen mit neun von dessen Männern allein getötet. Gegenüber Nichols behauptete er, er habe seine alte Freundin Mrs. Waltman in Rock Creek, Nebraska, besuchen wollen und sei kurz nach seiner Ankunft von McCanles und seinen neun blutrünstigen Spießgesellen überfallen worden:

»›Da steht ja das Pferd dieses verdammten Yankees Wild Bill. Er ist hier, und wir werden ihn bei lebendigem Leib skalpieren.‹ Wenn ich auch daran gedacht hatte zu fliehen, so war es jetzt auf jeden Fall zu spät dazu. Außerdem war das Haus mein bester Schutz – wie eine Art von Festung. Trotzdem glaubte ich nicht, daß ich das Zimmer jemals lebendig verlassen würde... Alle Mitglieder von McCanles' Bande waren unerschrockene blutdürstige Teufel, die so lange kämpfen würden, wie sie die Kraft hatten, den Hahn ihres Revolvers zu spannen. Ich war oft in schwierigen Situationen, aber damals sprach ich ein Gebet, wie sonst nur ganz selten in meinem Leben ... Ich legte den Revolver auf das Bett. Im gleichen Moment steckte McCanles seinen Kopf zum Flur hinein, sprang aber sofort zurück, als er mich mit dem Gewehr in der Hand sah. ›Komm herein, du feiger Hund‹, schrie ich, ›komm herein und kämpfe mit mir.‹ McCanles war kein Feigling, auch wenn er ein Bandit war. Er sprang in den Raum, sein Gewehr schußbereit. Aber er war nicht schnell genug. Meine Gewehrkugel traf ihn ins Herz. Er fiel nach draußen, wo er später gefunden wurde, noch das Gewehr umklammernd, das ihm auf den Kopf gefallen war. Seinem Abgang folgte ein Aufschrei seiner Bande, dann herrschte tödliches Schweigen. Ich legte das Gewehr weg und nahm den Revolver. Ich sagte zu mir: Nur noch sechs Schüsse, aber neun Männer, die getötet werden müssen ... Wieder folgten einige Sekunden dieser schrecklichen Stille, dann brachen die Banditen durch beide Türen herein. Wie wild sahen sie aus mit ihren roten betrunkenen Gesichtern und entflammten Augen ... Doch niemals zielte ich sorgfältiger als in diesem Augenblick. Eins – zwei – drei – vier: Vier Männer fielen tot um. Doch das bewegte den Rest nicht zum Einhalten. Zwei von ihnen schossen auf mich. Und dann fühlte ich, wie der Schmerz meinen ganzen Körper überlief. Der Raum war rauchgeschwängert. Zwei kamen auf mich zu, ihre Augen blitzten in den Rauchschwaden. Einen schlug ich nieder. ›Du hast für eine Weile genug‹, dachte ich. Den zweiten erschoß ich. Die drei anderen bedrängten mich und zerrten mich auf das Bett. Mit der Hand brach ich den Arm des einen. Er hatte seine Finger um meine Kehle gelegt. Bevor ich aufstehen konnte, schlug man mir mit einem Gewehrkolben auf die Brust, und ich spürte, wie mir Blut aus Nase und Mund floß. Dann wurde ich zornig. Ich erinnere mich, daß ich ein Messer zu fassen bekam ... Ich stach wild um mich und jagte diese Teufel von einer Ecke des Zimmers in die andere, während ich weiter zustach, bis ich wußte, daß alle tot waren.«

Soweit Wild Bills eigene Version, wie er sie Nichols erzählte und jener sie aufschrieb.

Nichols hätte freilich wissen müssen, daß die Männer im Westen gern ein wenig übertrieben. Wild Bill hatte sogar gewaltig übertrieben: Das einzige, was an seiner Geschichte stimmte, war die Tatsache, daß er sich in Nebraska aufgehalten und auch, daß er David C. McCanles getötet hatte. Erst Jahrzehnte später wurde bekannt, was an jenem Tag in Rock Creek tatsächlich geschah. Verschiedene Zeugenaussagen ergaben schließlich folgendes Bild: McCanles sympathisierte mit der Sache der Konföderierten, was er hauptsächlich dadurch zum Ausdruck brachte, daß er Pferde für die Südstaatenarmee stahl, ohne freilich der blutrünstige Killer zu sein, als den Wild Bill ihn darstellte.

Als McCanles mit seinem zwölfjährigen Sohn und zwei Nachbarn zur Postkutschenstation kam, warteten Hickok und ein gewisser Wellman bereits auf ihn. Als McCanles Wellmans Haus betrat, schoß Wild Bill aus seinem Versteck hinter einem Vorhang auf ihn. Wellman erschlug den Verwundeten mit einer Hacke. McCanles' Begleiter rannten entsetzt davon, brachen aber schon nach wenigen Schritten unter Hickoks Kugeln zusammen.

Während des Bürgerkriegs diente James Butler Hickok als Kundschafter in der Armee der Nordstaaten. Eine geplante Karriere als Spion hinter den feindlichen Linien endete bereits nach zwei erfolglosen Einsätzen.

Nicht ohne Ironie bemerkt Jay Monaghan in seinem Buch ›Civil War on the Western Border‹ über Wild Bill: »Sein Ego verlangte exzentrische Kleidung, und sein phantastischer Schnurrbart machte ihn ein wenig zu auffällig, als daß er ein erfolgreicher Spion hätte sein können.«

Offenbar legte Wild Bill auch im Krieg großen Wert auf gepflegtes Aussehen. Überhaupt kann man sich den femininen Dandy nur schwer auf dem Schlachtfeld vorstellen. Wild Bill, der die Angewohnheit hatte, sich fast täglich zu rasieren und zu baden, was Zeitgenossen nicht ohne ein gewisses ehrfürchtiges Erstaunen registrierten, paßte mit seiner blumenbestickten Seidenweste und den maßgearbeiteten Stiefeln eher an einen Pokertisch als in die rauhe Wirklichkeit des Krieges.

Nach dem Bürgerkrieg nahm Wild Bill im Gefolge von General Custer an dessen Einsatz im Indian Territory teil. Angeblich soll sogar er es gewesen sein, der Ende 1868 den berühmten Häuptling Black Kettle tötete. Wahrscheinlicher freilich ist, daß der phantasievolle Wild Bill dieses Gerücht selbst in die Welt setzte, ohne Black Kettle jemals gesehen zu haben.

Hickok besaß eine Fähigkeit, die selbst nüchterne Beobachter rühmten: Wie kaum ein anderer verstand er es, mit dem Revolver umzugehen. Oft und gern gab der überaus eitle Wild Bill Proben seines beachtlichen Könnens. Es heißt, er habe Hühnern aus einer Entfernung von dreißig Schritt die Kehle durchschossen, ohne jemals Kopf oder Körper der Tiere zu verletzen. Ein weiteres Kunststück, das Wild Bill bisweilen zeigte, bestand darin, auf fünfzig Schritt Entfernung Geldmünzen zu durchschießen. Von zehn Schüssen trafen angeblich neun ins Schwarze.

Allmählich avancierte Wild Bill zum »Prinzen der Pistoleros«. Dieser Ruf mag es gewesen sein, der die Bürgerschaft von Abilene in Kansas dazu veranlaßte, ihn 1871 als City Marshal zu engagieren.

Neben Ellsworth, Wichita, Dodge City und Caldwell war Abilene die wichtigste Metropole des Viehhandels im Westen. In diesen fünf Cattle Towns von Kansas ging es in den siebziger Jahren heiß her. Cowboys, Spieler, Prostituierte und Revolvermänner führten sich meist nicht sehr manierlich auf, was zur Folge hatte, daß die um ihre Sicherheit besorgten Bürger häufig bekannte Gunmen anstellten, die für Ruhe und Ordnung zu sorgen hatten.

James Butler Hickok kam 1871 schon als berühmter Mann nach Abilene. Man fürchtete seine Schnelligkeit, bewunderte seinen Aufzug und war sich allgemein einig, daß dies der richtige Mann für den Job sei.

Wild Bill beeindruckte die Einwohner von Abilene so nachhaltig, daß noch der in Abilene aufgewachsene Dwight D. Eisenhower von dem furchtlosen Marshal schwärmte.

Um Wild Bills Zeit in Abilene rankt sich eine endlose Reihe heroischer Geschichten, die allein fast ein Buch füllen würden. Hier begegneten ihm John Wesley Hardin, der Killer aus Texas, und die nicht minder gefährlichen Texaner Phil Coe und Ben Thompson, die zusammen den »Bull's Head Saloon« leiteten. Sie und andere gefährliche Revolvermänner erlagen teils dem Charme, teils der Schnelligkeit des legendären Marshals, der streng, aber gerecht für Ruhe und Ordnung sorgte.

So jedenfalls will es die Legende. Sie hielt sich so zäh am Leben, daß es fast hundert Jahre dauerte, bis die ziemlich ernüchternden Tatsachen ans Licht kamen.

In einem 1961 erschienenen Aufsatz beschäftigt sich Robert R. Dykstra eingehend mit James Butler Hickoks Aufenthalt in Abilene. Er weist nach, daß der gar nicht sonderlich wilde Wild Bill während seiner nur acht Monate dauernden Amtszeit genau zwei Männer tötete. Der eine war selbst ein Ordnungshüter, ihn erschoß Wild Bill aus Versehen. Der andere war Phil Coe.

Was also tat Wild Bill Hickok in Abilene? Er sprach dem Alkohol zu, verschmähte auch ein Spielchen nicht und leistete dem

Bürgermeister Joseph G. McCoy Dienste, die nicht recht zum Bild eines furchtlosen Marshals passen.

Im Stadtrat von Abilene standen sich 1871 zwei Fraktionen mit erbitterter Feindlichkeit gegenüber. Die eine, angeführt von dem Anwalt S. A. Burroughs, plädierte für ein allgemeines Alkoholverbot, die andere, zu der insbesondere Bürgermeister McCoy gehörte, hielt die angestrebte Prohibition für geschäftsschädigend und insofern keineswegs wünschenswert.

Burroughs setzte sich außerdem für die Bekämpfung der in Abilene üppig blühenden Prostitution ein, wobei er auf den Beistand der ehrbaren Damen rechnen durfte, nicht aber auf Unterstützung im geschäftstüchtigen Stadtrat.

Als Burroughs eines Tages empört eine Sitzung verließ und dadurch den Rat beschlußunfähig machte, schickte Bürgermeister McCoy den City Marshal auf die Suche nach dem renitenten Ratsmitglied. Wild Bill brachte Burroughs mit sanfter Gewalt wieder zurück. Burroughs wollte sich das nicht gefallen lassen. Kaum hatte ihn Wild Bill beim Rat abgeliefert, riß er erneut aus. Und wieder mußte Hickok ihn suchen. Diesmal trug er ihn zurück. Während des weiteren Verlaufs der Sitzung stand Wild Bill neben dem wütenden Burroughs – und paßte auf, daß jener nicht noch einmal verschwand.

Der legendäre Marshal als Büttel des Bürgermeisters: Eine radikalere Korrektur des gängigen Wild-Bill-Hickok-Bildes erscheint kaum denkbar.

Am 13. Dezember wurde Hickok von der Stadtverwaltung von Abilene entlassen. In manchen Quellen ist nachzulesen, er sei entlassen worden, weil seine blutrünstige Art den Leuten nicht mehr paßte. In Anbetracht seiner wenig heldenhaften Betätigung erscheint diese Version nicht sehr wahrscheinlich. Denkbar hingegen ist, daß die Verhältnisse in Abilene im Winter so friedlich waren, daß die Stadtverwaltung auf den hochbezahlten Marshal verzichten konnte.

Wild Bill trat in die Wildwest-Truppe von William Frederick Cody ein, der als Buffalo Bill zu weltweitem Ruhm gekommen war. Wie Wild Bill Hickok verdankte auch Buffalo Bill sein Renommee weniger eigenen Taten als vielmehr geschickter Publicityarbeit.

Im Grunde war Buffalo Bill nichts anderes als eine Phantasiegestalt des Dime-Novel-Königs Edward Z. C. Judson. Cody, ein ziemlich unbedeutender Scout und Büffelschlächter, diente dem unter dem Pseudonym Ned Buntline bekannt gewordenen

Judson hauptsächlich als lebender Beweis für die angebliche Authentizität seiner Geschichten. Er hatte nicht viel mehr zu tun, als sich in heroischen Posen zu üben und den unüberwindlichen Indianerkämpfer zu mimen.

Der eitle Dandy Wild Bill Hickok paßte in Buffalo Bills Westernzirkus. In dem Drama ›Scouts of the Plains‹ spielte er sich selbst und durfte hölzerne Dialoge mit permanenten Heldentaten begleiten.

Zu Wild Bills Ehre muß gesagt werden, daß er an dem von Buntline und Cody inszenierten Rummel auf die Dauer keinen Gefallen fand.

Im Gegensatz zu Buffalo Bill war er immerhin nicht ausschließlich das Produkt journalistischer Phantasie, sondern kannte den Westen.

Überdies mangelten dem Ex-Marshal von Abilene auch die elementarsten schauspielerischen Fähigkeiten. Cody schrieb später, Wild Bill habe auf der Bühne kaum ein Wort herausgebracht.

»Dann spielte er in Bumslokalen in Kansas City, St. Joseph und Cheyenne. Körperlich immer mehr absinkend, heiratete er eine französische Löwenbändigerin, 11 Jahre älter als er, eine kluge und furchtlose Frau, um schließlich in Deadwood erschossen zu werden.«

Mit diesen lapidaren Sätzen beschreibt Hans von Hentig den letzten Abschnitt von James Butler Hickoks Leben.

Die Goldfunde in den Black Hills lockten Wild Bill und seinen Freund Charlie Utter alias Colorado Charlie nach Deadwood. Hickok war ein kranker, frühzeitig gealterter Mann, der von seinem Ruhm zehrte. Jedermann in Deadwood kannte den gefürchteten Revolverschützen, der in Carl Manns Saloon mit den Goldgräbern pokerte.

In jenem Saloon ereilte ihn am Nachmittag des 2. August 1876 sein Schicksal. Wild Bill saß wieder einmal am Pokertisch, als ihn ein gewisser Jack McCall von hinten erschoß. Bei seinem Tod hielt er ein Blatt mit je zwei Assen und Achten in der Hand: Als »Dead Man's Hand« wird dieses Blatt noch heute bezeichnet.

Colorado Charlie ließ seinem toten Freund ein imposantes Grabmal aus Marmor errichten. Es trägt die Inschrift:

Wild Bill
J. B. Hickok
Killed by the assassin
Jack McCall
Deadwood City
Black Hills
August 2, 1876
Pard, we will meet again in the happy
Hunting grounds to part no more
Goodbye
Colorado Charlie
C. H. Utter
(Partner, wir werden uns in den glücklichen Jagdgründen wiedersehen, um uns nie wieder zu trennen.)

James Butler-Hickok wurde 39 Jahre alt. Sein kurzes, unruhiges Leben umfaßte fast anthologiemäßig nahezu alle Stationen eines »klassischen« Outlaw-Lebens: Er kämpfte im Grenzkrieg zwischen Kansas und Missouri wie Quantrill, die Brüder Frank und Jesse James und Cole Younger; er trug den Stern in einer der Rindermetropolen von Kansas wie Wyatt Earp und Bat Masterson; er war beim Goldrausch in Deadwood wie Sam Bass und Martha Jane Cannaray alias Calamity Jane.

Seinen Ruhm verdankt er wie viele seiner Kollegen in erster Linie Zeitungsberichten und Dime Novels. Und er ging ins Schaugeschäft, auch dies nicht unüblich bei Westernhelden.

Vieles deutet darauf hin, daß Wild Bill seinem eigenen Geschlecht mehr zugetan war als den Frauen. Aber selbst diese Eigenschaft, verbunden mit einer narzißtischen Selbstliebe, war im Westen längst nicht so selten anzutreffen, wie man annehmen möchte. Lange begünstigte der allgemeine Frauenmangel die Homosexualität.

James Butler Hickok, der langhaarige Beau und Prinz der Pistoleros, der nicht einmal vierzig Jahre alt wurde: Ihm widerfuhr, was alle berühmten Revolvermänner befürchteten – in einem Augenblick der Unachtsamkeit erschossen zu werden.

Männer wie Hickok mußten in einer ständigen physischen und psychischen Hochspannung leben. Denn ihr Ruhm konnte zugleich auch ihr Verhängnis bedeuten: Immer wieder tauchten Männer auf, die herausfinden wollten, ob sie noch schneller waren als der legendäre Gunfighter. Und es gab eben nur eine Art, diese Frage zu klären...

Die Revolvermänner lebten im Bewußtsein, daß eines Tages jemand kommen würde, der noch schneller den Revolver ziehen konnte. Diesen Tag würden sie nicht überleben.

Aber kaum einer bekam tatsächlich die Chance, sich im fairen Gunplay zu bewähren. Der Fall von Wild Bill ist typisch. Als Jack McCall später gefragt wurde, warum er Hickok von hinten erschossen habe, antwortete er lakonisch: »Ich wollte keinen Selbstmord begehen.«

Tatsächlich: Wild Bills Schießkünste forderten den feigen Mord geradezu heraus. Als er ein einziges Mal so unvorsichtig war, sich mit dem Rücken zur Tür zu setzen, bedeutete das bereits seinen Tod. McCall konnte es gar nicht riskieren, die Sache mit Wild Bill auszuschießen, weil er ihm hoffnungslos unterlegen war. Der Schuß von hinten war die einzige Möglichkeit für ihn, seinen Bruder zu rächen, den Wild Bill angeblich erschossen hatte.

Das Ende von James Butler Hickok ist nicht ohne eine gewisse Tragik. Vieles deutet darauf hin, daß er in den letzten Jahren seines Lebens von einer Augenkrankheit befallen war und bereits einen großen Teil seiner Sehkraft eingebüßt hatte. Ein Arzt, der die Leiche untersuchte, stellte eine starke Trübung der Pupillen fest und diagnostizierte grauen Star. In Deadwood war Wild Bill Six-Shooter-Duellen immer aus dem Weg gegangen, vielleicht tatsächlich wegen seiner nachlassenden Sehkraft.

Insofern erscheint McCalls Tat doppelt sinnlos. Vielleicht fürchtete er sich vor einem Mann, der halb blind war, den er ohne Risiko auch von vorn hätte erschießen können, wenn er sich schon einmal dazu entschlossen hatte, Wild Bill in die »Happy hunting grounds«, die glücklichen Jagdgefilde, zu befördern.

Burial of Wild Bill

Under the sod of the prairie land
We have laid him down to rest
With many a tear from the sad, rough throng
And the friends he loved the best
And many a heartfelt sigh was heard
As over the sward we trod
And many an eye was filled with tears
As we covered him with the sod

Under the sod of the prairie land
We have laid the good and true
An honest heart and a noble scout
Has bade us a last adieu
No more his silvery voice will ring
His spirit has gone to God
Around his faults let charity cling
While we cover him with the sod

Under the sod in the land of gold
We have laid the fearless Bill
We called him Wild, yet a little child
could bend his iron will
With generous heart he freely gave
To the poorly clad, unshod
Think of it, pards – of his noble traits –
While you cover him with the sod

Under the sod in Deadwood Gulch
You have laid his last remains
No more his manly form will hail
The red man on the plains
And, Charlie, may Heaven bless you
You gave him a »bully good send«
Bill was a friend to you, pard
And you were his last, best friend

You buried him 'neath the old pine tree
In the little world of ours
His trusty rifle by his side
His grave all strewn with flowers

His manly form in sweet repose
That lovely silken hair
I tell you, pard, it was a sight
That face so white and fair

(Dieser sentimentale Grabgesang feiert noch einmal Wild Bills körperliche und seelische Schönheit, betont, daß dieser Mann mit dem »lieblichen Seidenhaar« so hilfsbereit und so nobel wie kein anderer war. »Seine silberne Stimme wird nie mehr klingen, seine Seele ist zu Gott gegangen . . . Ich sage dir, Partner, das war ein Anblick, dieses Gesicht so weiß und schön.«)

Die Damen
Calamity Jane, Belle Starr, Pearl Hart

Im Jahre 1860 kamen in Colorado auf hundert Einwohner 95,37 Männer und 4,63 Frauen. Auch wenn man unterstellen kann, daß dieses Zahlenverhältnis anderswo nicht ganz so kraß ausfiel, so steht doch eins fest: Die Pioniere der »Frontier« litten unter einem außerordentlich starken Frauenmangel.

Das rauhe und gefährliche Leben jenseits der Grenze zur Zivilisation formte eine geschlossene Männergesellschaft. Und die wenigen Frauen machten ihrem Geschlecht nicht immer Ehre.

Mark Twain berichtet von einer langen Schlange kalifornischer Bergarbeiter, die durch eine Türritze zum erstenmal seit Jahren eine Frau sehen wollten: »Sie sah aus, als sei sie 150 Jahre alt, und sie hatte keinen Zahn im Mund.« Hans von Hentig berichtet, in den Minenstädten der Rocky Mountains sei 1868 eine übermäßig dicke Frau aufgetreten, die lange betrachtet und versuchsweise berührt wurde.

Schon früh bemühten sich einschlägige Etablissements, dem Frauenmangel Abhilfe zu schaffen. An den Eisenbahnlinien, in den Goldgräberstädten und Cattle Towns blühte die Prostitution. Die allgemeine Wertschätzung der Frauen bezog sich auch auf die leichten Mädchen. Sie galten als angesehene Mitglieder der Bürgerschaft und trugen häufig den Großteil der Steuerlast. Erst als sich die Verhältnisse im Westen gegen Ende des 19. Jahrhunderts allmählich normalisierten und immer mehr »ehrbare« Frauen die Städte bevölkerten, ging es mit dem Ruhm der Dirnen zu Ende. Aus den angebeteten »Nymphen« und »Elfen« der wilden Jahre wurden unter dem Druck der puritanischen Moral »unethische Damen«, »bemalte Schönheiten« und »gefallene Engel«.

Auch vom Milieu der Outlaws fühlten sich einige Damen angezogen.

Am bekanntesten wurde Martha Jane Cannaray, die als »Calamity Jane« in die Annalen des Westens einging. Über ihr Leben wissen wir wenig, aber ihre Legende hat die Zeiten überdauert. Wahrscheinlich wurde Calamity Jane Ende der vierziger Jahre in Princeton, Missouri, geboren. 1863 wanderte sie mit ihrer Familie nach Westen. Angeblich arbeitete sie als Schienenleger beim Bau der Union Pacific.

1869 tauchte Martha Jane in Cheyenne auf und verwirrte die Männerwelt, allerdings nicht wegen ihrer weiblichen Reize. Sie trug Männerhosen, kaute Tabak und fluchte und trank wie ein Mann. So etwas hatte man bisher noch nie bei einer Frau gesehen. So kam es, daß das Mädchen aus Missouri bald zu einer bekannten Gestalt wurde.

In den folgenden Jahren führte Martha Jane Cannaray ein unruhiges Wanderleben zwischen Kansas und Montana. Die verstörten Zeitgenossen hielten sie mit Recht für eine eigenartige Attraktion und gaben ihr den Spitznamen »Calamity Jane«. – »Here is Calamity«, hieß es bald allgemein in den Saloons zwischen Abilene und Livingston, Montana, wenn das männlich wirkende Mädchen auftauchte und in betrunkenem Zustand die Spiegel an den Wänden zerschoß. »Calamity« heißt Unglück. Martha Jane Cannaray schien es in der Tat als Unglück zu empfinden, nicht als Mann auf die Welt gekommen zu sein. Sie suchte und fand Anschluß an das rauhe Leben im Westen.

Angeblich nahm Calamity Jane Anfang der siebziger Jahre als Scout an den Indianerkriegen in Arizona teil. Erst beim Baden soll der kommandierende Offizier das Geschlecht des Kundschafters Cannaray bemerkt und ihn daraufhin empört entlassen haben.

Während man diese Episode wohl der Legende zurechnen muß, steht fest, daß Calamity Jane in den Black Hills von South Dakota eine Sehenswürdigkeit war. Sie schloß sich Wild Bill Hickok an und genoß an seiner Seite kurzen Ruhm. Später munkelte man von einer Liebesgeschichte zwischen den beiden, aber da der schöne Marshal sehr wahrscheinlich homosexuell war, erscheint eine Romanze zwischen Wild Bill und Calamity Jane nicht sehr wahrscheinlich.

Nach Wild Bill Hickoks Tod 1876 in Deadwood ging es mit Calamity Jane schnell abwärts. In den Saloons von Deadwood sah man sie meistens betrunken.

Calamity Jane blieb noch einige Jahre in Deadwood. Aus dieser Zeit stammen einige Geschichten, die weiter zu ihrer Legende beitrugen. Als eine Pockenepedemie die Black Hills heimsuchte, soll sie sich als selbstlose Krankenschwester bewährt und vielen Männern das Leben gerettet haben.

Schon in den achtziger Jahren war Calamity Jane so berühmt, daß sich die Dime Novels ihrer annahmen, flüchtig und phantasievoll geschriebene Abenteuergeschichten aus dem Westen, die eine erstaunlich hohe Auflage erreichten. Eine Verkaufsziffer von 60000 Exemplaren pro Heft war nicht ungewöhnlich. Die Autoren legten eine Schnelligkeit an den Tag, die auf heutige Schreiber verblüffend wirken mag. Einer der prominentesten von ihnen, Prentiss Ingraham, brachte es auf sechshundert Geschichten. Theaterstücke und Short Stories nicht mitgezählt. Eine Dime Novel von 35000 Wörtern soll er während eines Tages und einer Nacht geschrieben haben.

Wenn man bedenkt, daß viele der erfolgreichsten Serientitel mehrere Neuauflagen erlebten, kann man sich den enormen Einfluß der Dime Novels auf die Legendenbildung des Wilden Westens vorstellen. Allein zwischen 1860 und 1865 setzte der Dime-Novel-König Erastus Beadle fast fünf Millionen Exemplare seiner dünnen Hefte ab.

Auf dem Titelbild von Beadles wöchentlich erscheinender ›Pocket Library‹ erschien am 16. September 1885 zum erstenmal Calamity Jane. Man sieht sie als furchterregende Amazone, angetan mit bis über die Knie reichenden Reitstiefeln und einem verwegenen Hut. In den Händen hält sie zwei Revolver, mit denen sie einen bärtigen Mann bedroht, der ein großes Messer trägt. Im Hintergrund des Bildes beobachten drei Männer die Auseinandersetzung. Unterschrift der martialischen Szene: »Calamity Jane hielt ein Paar Revolver mit gespannten Hähnen in der Hand, mit denen sie bedrohlich auf Ralph Gardner zielte.«

Das Heft heißt ›Deadwood Dick in Leadville‹ und schildert die Abenteuer des populären Serienhelden Deadwood Dick mit der nicht minder populären Calamity Jane, zwischen denen allerdings der Unterschied bestand, daß Dick eine reine Phantasiegestalt war und Jane nicht.

Mit der authentischen Martha Jane Cannaray haben die Abenteuer der Dime-Novel-Heroine Calamity Jane freilich auch nichts zu tun. Die Autoren schildern sie als ebenso leidenschaftliches wie schönes Mädchen »mit Brüsten von alabasterner Reinheit«.

Erhaltene Fotos zeigen die wirkliche Calamity Jane als eine mürrisch wirkende Frau mit harten, fast häßlich zu nennenden Gesichtszügen.

Wer die Legendenumwobene nie persönlich zu Gesicht bekommen hatte und auch niemals in Deadwood gewesen war, mußte Calamity Jane auf Grund der Schilderungen in den Dime Novels für eine heißblütige Verbrecherin halten, für den ›White Devil of Yellowstone‹, den Weißen Teufel von Yellowstone, wie eins der Hefte hieß.

Tatsache freilich ist, daß die wirkliche Calamity Jane alles andere als ein gefährlicher weiblicher Outlaw war. Keine ihrer angeblichen Ruhmestaten ist historisch verbürgt.

Martha Jane Cannaray verkörperte den psychologischen Typ der Virago, des Mannweibes. Die unruhigen Zeiten erlaubten ihr die Realisierung ihrer unglücklichen Veranlagung. Über das im Grunde bemitleidenswerte Abziehbild einer Westernbanditin kam sie nie hinaus. Ohne die Publicity der Dime Novels wäre sie wohl längst vergessen.

Vom Alkohol und vom rauhen Leben in den Black Hills frühzeitig verbraucht, scheint Calamity Jane im letzten Jahrzehnt ihres Lebens selbst von der Wahrheit ihrer Legende überzeugt gewesen zu sein. Sie heiratete 1885 und ging in den späten neunziger Jahren mit einer Wildwest-Schau auf Tournee. Aber immer wieder zog es sie zurück in die Black Hills und nach Deadwood, wo sie einst berühmt geworden war. Als sie 1899 in Deadwood auftauchte, alt, häßlich und betrunken, berichtete eine Zeitung: »Die neugierige Bevölkerung musterte die groteske Figur und schüttelte den Kopf. War dies die berühmte Calamity Jane?«

Martha Jane Cannaray starb am 2. August 1903 in Terry, nur wenige Kilometer von Deadwood entfernt. Als es mit ihr zu Ende ging, fragte sie nach dem Datum. Man sagte es ihr, und sie nickte: »Es ist der 27. Todestag von Bill. Begrabt mich in Bills Nähe.« Der übermächtige Schatten von Wild Bill Hickok, der für sie den Ruhm bedeutet hatte, verfolgte die unglückliche Frau bis zur letzten Minute.

Eine andere Gestalt unter den berühmt gewordenen weiblichen Outlaws war Belle Starr aus Missouri, die im Gegensatz zu Calamity Jane tatsächlich in kriminelle Aktivitäten verwickelt war.

Myra Belle Shirley wurde am 5. Februar 1848 in einem Dorf in Missouri geboren. Sie besuchte ein Pensionat für »höhere« Töchter, auf dem sogar Griechisch, Latein und Hebräisch gelehrt wurden. Über Belles Kenntnisse der klassischen Sprachen ist nichts überliefert, wohl aber, daß ihr Bruder im Grenzkrieg zwischen Kansas und Missouri getötet wurde. Auch die Eltern litten unter der blutigen Auseinandersetzung und zogen mit Belle nach Scyenne in der Nähe von Dallas in Texas.

1866 kam die achtzehnjährige höhere Tochter zum erstenmal mit dem Verbrechen in Berührung. Es begegnete ihr in Gestalt des bekannten Cole Younger, einem Mitglied der James-

Younger-Bande. Belle Starr wurde seine Geliebte und bekam im Jahr darauf ein Kind von ihm.

Der Umgang mit Younger brachte das abenteuerlustige Mädchen offensichtlich auf den Geschmack am Outlaw-Leben. Jedenfalls avancierte sie wenig später zur Geliebten von Jim Reed, einem weniger bekannten Bank- und Zugräuber aus Missouri. Auch ihm schenkte sie einen Sohn.

Nachdem Jim Reed 1874 von einem Mitglied seiner Bande erschossen worden war, nahm die resolute Belle seine Geschäfte in ihre nunmehr schon erfahrenen Hände. Zwischen 1875 und 1880 führte sie eine Bande von Viehdieben, die in Texas und im Indianergebiet des späteren Staates Oklahoma operierte. Zu ihrem neuen Liebhaber erkor Belle einen Indianer mit dem drolligen Namen »Blue Duck«.

Dem Indianer folgte als Liebhaber bald Sam Starr, mit dem Belle bis zu seinem Tod im Jahre 1886 zusammenblieb. Das Paar stahl nunmehr gemeinsam. Auf einem Steckbrief, der für die Ergreifung der Starrs 10000 Dollar in Gold verspricht, ist sogar von Mord die Rede.

1883 wurde Belle Starr gefaßt, von dem berüchtigten Richter Parker in Fort Smith aber nur zu sechs Monaten Gefängnis verurteilt. 1886 sprach man sie in einem weiteren Prozeß sogar wegen Mangels an Beweisen frei.

Diese Urteile widersprechen stark der Belle-Starr-Legende, die sie zur blutrünstigen Banditenkönigin avancieren ließ. Richter Parker war für seinen rigorosen Umgang mit Outlaws bekannt, und wäre Belle auch nur halb so schrecklich gewesen wie ihr Ruf, hätte er sie vermutlich ohne Umstände aufhängen lassen.

Belle Starr besaß eine Vorliebe für Indianer. Sam war ein Cherokee, und auch ihr letzter Liebhaber, ein Creek namens Jim July, war ein Indianer.

Die legendäre Banditenkönigin starb einen unrühmlichen Tod. Am 3. Februar 1889 lauerte ihr in der Nähe von Fort Smith, Arkansas, ein unbekannter Wegelagerer auf und schoß sie aus dem Hinterhalt vom Pferd. Noch am gleichen Tag erlag sie ihren Verletzungen.

Der Fall der Belle Starr weist einige Parallelen zu dem Calamity Janes auf. Wie jene kam sie schon zu Lebzeiten durch die Dime Novels zu Ruhm. Sie verliehen ihr die Namen »Petticoat of the Plains«, »Queen of the Bandits« und »The Lady Desperado«. Und auch ihre Taten halten einen Vergleich mit denen von Jesse James und anderen Outlaws nicht aus. Verbürgt ist nur, daß sie eine Bande von Viehdieben leitete. Später wurden ihr dann diverse Morde, Bankraube und Zugüberfälle angedichtet, die sie mit einiger Sicherheit nicht begangen hat.

Im Gegensatz zu der Virago Calamity Jane war sich Belle Starr, die ihrem Vornamen nicht eben Ehre machte, ihres Geschlechts sehr wohl bewußt. Davon zeugt nicht nur die beträchtliche Zahl ihrer Liebhaber, sondern auch ihr Lieblingskostüm, in dem sie für die Fotografen posierte. Während Calamity Jane zeit ihres Lebens Männerkleidung bevorzugte, zeigte sich Belle gern in einem lang herabwallenden Kleid, zu dem sie einen modischen Hut trug.

Das Trio der Outlaw-Ladys wäre unvollständig ohne Pearl Hart, die in Arizona zu ziemlich unverdientem Ruhm kam. Über ihr Leben wissen wir fast nichts, und schon ihre Zeitgenossen zogen sogar die Echtheit ihres Namens in Zweifel.

Pearl Hart trat zum erstenmal im Sommer des Jahres 1899 in Erscheinung, als sie zusammen mit einem männlichen Begleiter die Postkutsche zwischen Globe und Riverside in Arizona überfiel. Zu dieser Zeit war das Delikt des Postkutschenraubes bereits hoffnungslos aus der Mode. Professionelle Verbrecher bevorzugten längst die weitaus gewinnträchtigeren Eisenbahnüberfälle.

So kann man annehmen, daß Pearl und ihr Begleiter Joe Boot – auch dies angeblich ein Pseudonym – Amateure waren. Bei ihrem Überfall erbeuteten sie denn auch nur etwas mehr als 400 Dollar, ein paar billige Uhren und ebenfalls nicht sehr wertvollen Schmuck.

Der wenig eindrucksvolle Raub bezeichnet kurioserweise nicht nur den Beginn von Pearl Harts Karriere, sondern zugleich auch ihr Ende. Kurze Zeit später wurden sie und Joe Boot vom Sheriff von Pinal County verhaftet. Was dann folgte, wies eher Züge einer Posse als eines Dramas auf. Die jugendliche Räuberin gefiel sich offensichtlich in der Rolle der hartgesottenen Outlaw-Lady und gab Zeitungsreportern großspurige Interviews, auf diese Weise zielstrebig ihre eigene Legende nährend. Das Gericht in Florence kannte dagegen keinen Spaß und verurteilte Pearl Hart zu fünf Jahren Gefängnis. Ihr Begleiter bekam dreißig Jahre, brach zwei Jahre später aus und wurde niemals mehr gesehen.

Pearl verbüßte ihre Strafe im Gefängnis von Yuma. Sie wurde zu einer weithin bekannten Attraktion und ließ sich gern am Sonntag von neugierigen Besuchern fotografieren.

Der Gouverneur von Arizona erließ Pearl Hart 1902 den Rest ihrer Strafe.

Die Zeitung ›Yuma Sentinentel‹ schrieb bei ihrer Entlassung: »Die berüchtigte Pearl Hart atmet wieder freie Luft, nachdem sie der Gouverneur auf freien Fuß hat setzen lassen. Sie ist nach Kansas City abgereist. Viele Bewohner von Yuma fanden sich am Bahnhof ein, um einen Blick auf Arizonas berühmten weiblichen Ex-Banditen zu erhaschen. Sie wurden nicht enttäuscht, denn sie war tatsächlich dort. Und wenn es irgend etwas gibt, was Pearl nicht fürchtet, dann ist es Publizität. Ihre Fahrkarte wurde nach Kansas City gelöst, wo ihre Mutter und ihre Schwester leben. Letztere hat ein Stück geschrieben, in dem Pearl die Hauptrolle übernehmen soll... Es versteht sich, daß das Stück Pearls eigene Erfahrungen als Postkutschenräuberin zum Thema hat, mit allen blutigen und tosenden Begleitumständen. Die berühmte Pearl wird noch einmal mit ihrem zuverlässigen Winchestergewehr den Fahrer einer Westernkutsche anhalten, die Passagiere antreten lassen und sie ihrer Wertsachen berauben, während ihr Partner ›Boots‹ die Opfer mit seinem Gewehr in Schach hält und kein Risiko eingeht... Pearl ist ganz sicher, daß sie das Publikum bis zum letzten Akt in Spannung halten wird, vorausgesetzt, daß niemand einen Feueralarm auslöst... Sie verläßt das Gefängnis in einem guten Gesundheitszustand und frei von der Opiumsucht, deren Sklave sie bei der Einlieferung noch war. Pearl ist eine kleine Frau, die nur 105 Pfund wiegt, aber sie hat ein unfeines, rauhes Benehmen; und wenn man ihre Rolle bei dem Überfall betrachtet, muß man zugeben, daß sie auch gute Nerven hat. Bei ihrem Aussehen allerdings wird sie noch mehr Nerven brauchen, wenn sie im Theater auftreten will.«

Pearl Hart war in der Tat nicht sonderlich attraktiv, wie ein während ihrer Gefängniszeit aufgenommenes Amateurfoto beweist. Dennoch verwirklichte sie ihre Bühnenpläne und feierte ein Jahr lang Triumphe, bevor sie allmählich in Vergessenheit geriet.

Es heißt, 1924 sei eine weißhaarige Dame in Florence aufgetaucht und habe das Gericht besichtigt. Als man sie nach ihrem Namen fragte, antwortete sie ›Pearl Hart‹, drehte sich um und verschwand auf Nimmerwiedersehen.

Gestalt und Geschichte der Pearl Hart gehören in die Spätzeit des Westens, als sich schon das Schaugeschäft des Outlaw-Ruhms bemächtigt hatte. Zwanzig Jahre früher wäre niemand auf den Gedanken gekommen, von einem einzelnen Postkutschenüberfall einer Frau derart nachhaltig Notiz zu nehmen. In den neunziger Jahren jedoch umgab eine solche Tat bereits die Aura einer verlorenen Epoche, nach der sich insgeheim viele zurücksehnten. Mag sein, daß Pearl Hart schon auf die romantische Sentimentalität ihrer Landsleute spekulierte, als sie die Kutsche zwischen Globe und Riverside überfiel.

Um die Jahrhundertwende tauchten weitere Möchtegern-Desperados auf, die auf schnellen Ruhm hofften. Bekannt wurde etwa Al Jennings, der zusammen mit seinem Bruder vier überaus dilettantische Zugüberfälle verübte. Jennings besaß ein ausgeprägtes Show-Talent. Nach seiner Begnadigung durch Präsident Theodore Roosevelt ging er zum Film, wo er seine Outlaw-Karriere zielstrebig ausschlachtete.

Der Stolz von Texas
Sam Bass

In den unruhigen Jahren nach dem amerikanischen Bürgerkrieg war Texas die beliebteste Zufluchtsstätte für Verbrecher aus allen Teilen des Landes. Wenn es von jemandem hieß, er sei nach Texas gegangen – »gone to Texas« –, so bedeutete das gewöhnlich, daß sich ein gesuchter Outlaw der Verfolgung durch die Behörden entzogen und nach Texas abgesetzt hatte. Die Abkürzung von »gone to Texas«, G. T. T., wurde bald zu einem populären Begriff für das Banditentum.

Der junge Mann aus dem Norden, der im Herbst 1870 nach Texas kam, wurde nicht vom Gesetz gesucht, jedenfalls noch nicht.

Er hieß Samuel Bass und war auf einer kleinen Farm in der Nähe von Mitchell, Indiana, aufgewachsen. Als er zehn Jahre alt war, starb seine Mutter bei der Geburt ihres zehnten Kindes. Drei Jahre später starb auch der Vater. Einer von Sams Biographen berichtet, der Junge habe nichts außer einem alten Sattel und einer Kuhhaut geerbt.

Ein Onkel nahm die Kinder zu sich. Sie bekamen keine Schulausbildung und mußten früh hart arbeiten. Als er achtzehn war, lief Sam weg. Es zog ihn nach Süden, nach Mississippi, wo er in Rosedale in einer Sägemühle arbeitete und nebenbei ein geschickter Kartenspieler und Pistolenschütze wurde. Doch noch deutete nichts darauf hin, daß der junge Mann bald der berühmteste Gesetzlose von Texas sein würde.

Als Sam Bass, angelockt von den Möglichkeiten des weiten unerschlossenen Landes, 1870 in Denton, Texas, eintraf, schien er eine Karriere als Cowboy vor sich zu haben. Auf der Ranch von Sheriff W. F. »Dad« Eagan arbeitete er als Aushilfskraft. Die schon früh aufgestellte Behauptung, Sam sei zu dieser Zeit Eagans Deputy (Hilfssheriff) gewesen, läßt sich historisch nicht belegen und gehört wohl in den Bereich der Legende.

Zeugen aus jener Zeit schildern Sam Bass als einen überaus höflichen jungen Mann, der sich besonders durch seine Sparsamkeit auszeichnete. Nie, so heißt es, habe er sich einen Anzug gekauft, der mehr als fünf Dollar kostete. Und als Sheriff Eagan ihn in einer geschäftlichen Angelegenheit nach Dallas schickte, mußte er ihm ausdrücklich einschärfen, seine

Begleitmannschaft nicht auf allzu kleine Essensrationen zu setzen.

1874 konnte sich der sparsame junge Mann eine Stute kaufen. Das Tier erwies sich als begabtes Rennpferd. Sam machte also bei Pferderennen mit und gewann innerhalb eines Jahres so viel Geld, daß er es sich erlauben konnte, Dad Eagan und die Rancharbeit zu verlassen.

Bei seinen Unternehmungen mit dem Pferd »Jenny« ließ sich Sam Bass von einem gewissen Henry Underwood helfen, von dem ein Chronist wohl zutreffend bemerkt, er habe nicht zu den besseren Jungen von Denton gehört. Zusammen mit Underwood ging Bass ins Indian Territory, um seine »Denton mare« gegen Indianerpferde laufen zu lassen. In diese Zeit fällt der Anfang seiner kriminellen Laufbahn.

Als die Indianer sich einmal weigerten, eine verlorene Wette zu bezahlen, holte sich Sam seinen Gewinn auf eigene Faust. Nachts schlich sich Sam zu den Koppeln und holte die ihm zustehenden Pferde, nahm allerdings bei dieser Gelegenheit noch eine Reihe von Ponies mit, die ihm nicht gehörten.

Als ihnen der Boden im Indianergebiet zu heiß geworden war, gingen Sam und Henry Underwood nach San Antonio in Texas, wo sie Weihnachten 1875 ankamen. In San Antonio begegnete ihnen Joel Collins, der später ebenfalls zur Bass-Bande gehörte.

Im Jahr darauf trieben Sam und sein Freund Collins im Auftrag einiger Rancher eine Viehherde nach Kansas. Sie unterschlugen den Gewinn aus dem Verkauf der Tiere und setzten sich in die Black Hills ab, wo gerade Gold gefunden worden war. Nachdem sie zunächst ins Fuhrgeschäft zwischen Dodge City, Yankton und den Black Hills eingestiegen waren, eröffneten sie im Winter, als die Straßen zugefroren waren, eine Spielhölle in Deadwood. Anstatt aber bei diesem sicheren Geschäft zu bleiben, kaufte Sam eine vermeintliche Goldmine, von der er sich riesige Gewinne versprach. Aber auch aus diesem Geschäft wurde nichts: Die angebliche Goldader erwies sich als absolut unfündig.

Es ist ungewiß, ob Bass zu diesem Zeitpunkt noch daran dachte, nach Texas zurückzukehren, um mit den Einnahmen aus der Spielhölle seine Schulden bei den Viehzüchtern zu bezahlen. Nach dem Fiasko mit der Mine war ihm diese Möglichkeit jetzt vollends versperrt. Und so erscheint es nur folgerichtig, daß sich der junge Mann endgültig kriminellen Unternehmungen zuwandte.

Die leichteste Möglichkeit, schnell zu viel Geld zu kommen, sah Sam in Überfällen auf die Postkutschen, die die Black Hills mit der Außenwelt verbanden. Doch wiederum hatte der junge Mann Pech mit seinen Unternehmungen: Beim ersten Überfall, der der Kutsche von Cheyenne nach Deadwood galt, gelang es Bass und seinen Männern nicht einmal, den Wagen zum Halten zu bringen, obwohl ein Bandit den Kutscher erschossen hatte.

Die nächste Kutsche, die beraubt werden sollte, stoppte zwar, doch enthielt sie weder eine Geldkiste noch Passagiere, die man hätte ausplündern können. Bei einem anderen Überfall, so wird glaubwürdig überliefert, waren die Passagiere so arm, daß Bass ihnen von den erbeuteten 30 Dollar einen zurückgab, damit sie an der nächsten Station eine Mahlzeit bezahlen konnten.

In die Biographie eines legendären Outlaw wollen diese Episoden ganz und gar nicht passen. Und tatsächlich war Sam Bass Anfang 1877 nicht mehr als ein ziemlich erfolgloser Wegelagerer, der sich mit gelegentlichen Überfällen mehr schlecht als recht über Wasser hielt.

Seine »Sternstunde« kam, für ihn selbst wohl am überraschendsten, in der Nacht des 19. September 1877. Bass und fünf seiner Männer waren zu dem Schluß gekommen, daß die wenig einträglichen Postkutschenüberfälle ein allzu mühsames Geschäft seien und daß es an der Zeit sei, neue Erwerbsquellen zu erschließen. Ein ideales Ziel gewinnträchtiger Raubzüge schienen ihnen die Eisenbahnzüge zu sein, die das Gold aus den Black Hills in den Osten transportierten.

Bei einem Wasserturm in der Nähe von Big Springs in Nebraska überfielen Sam Bass und seine fünf Komplicen in der besagten Nacht gegen zehn Uhr einen Transportzug der Union Pacific. Und wie schon so oft zuvor schien für Sam Bass alles schiefzugehen. Der Safe, in dem das Gold verwahrt wurde, war mit einem Zeitschloß ausgestattet, das sich erst bei der Ankunft des Zuges in Omaha öffnen ließ. Es spricht nicht eben für die Umsicht der Räuber, daß sie einen solchen Fall nicht einkalkuliert und einige Dynamitstangen mitgebracht hatten.

Als Bass schon resignieren wollte, entdeckte einer seiner Männer drei kleinere Kisten, die auf dem Boden standen. Das Begleitpersonal behauptete, es handele sich um Werkzeugkisten. Bass ließ dennoch die Kisten öffnen: Sie enthielten dreitausend gerade geprägte 20-Dollar-Münzen.

Der Überfall hatte sich gelohnt. Sam Bass und seine Männer teilten die Beute von 60000 Dollar, eine Summe, von der sie wohl kaum geträumt hatten, und ritten anschließend getrennt davon. Drei von ihnen konnten sich ihres Reichtums nicht lange erfreuen: Schon eine Woche später, am 26. September, wurden Joel Collins und Bill Heffridge an einer kleinen Station der Kansas Pacific von einem Sheriff namens Bardsley erschossen. Mitte Oktober erwischte es James Berry in der Nähe des Städtchens Mexico, Missouri. Bei einem Schußwechsel mit seinen Verfolgern wurde er so schwer verletzt, daß er kurz darauf starb.

Einem der Männer gelang es, sich nach Kanada durchzuschlagen. Man hörte nie wieder etwas von ihm.

Sam Bass wandte sich, begleitet von Jack Davis, nach Süden, zurück nach Texas. Jetzt besaßen die Buchstaben »G. T. T.« ihre Bedeutung auch für ihn.

Ausgerechnet an Washingtons Geburtstag, am 22. Februar des Jahres 1878, führte Bass den nächsten Schlag. Mit einer neuen Bande, zu der auch Henry Underwood gehörte, überfiel er einen Zug der Texas Central Railroad bei Allen. Die Beute betrug diesmal nur etwas mehr als 1000 Dollar.

Was dann folgte, hatte man in Texas bisher noch nicht erlebt. Innerhalb von fünfzig Tagen überfielen Bass und seine Bande drei weitere Züge: Am 18. März wiederum einen Transport der Texas Central in Hutchins, am 4. und am 10. April Züge der Texas and Pacific bei Eagle Ford und Mesquite.

Mit einem Schlag war Sam Bass ein berühmter Mann. Zwar erbeutete er bei keinem der Überfälle in Texas auch nur annähernd soviel wie in Big Springs, aber allein die Tatsache, daß er in einer derart kurzen Zeitspanne vier Züge ausraubte, ohne gefaßt zu werden, beeindruckte die Texaner gewaltig.

Der Überfall in Mesquite bedeutete praktisch bereits das Ende von Sams hoffnungsvoller Laufbahn als Eisenbahnräuber. Er hatte den Bogen überspannt und damit die Texas Rangers auf den Plan gerufen, eine 1835 während der texanischen Revolution ins Leben gerufene Spezialtruppe von legendärem Ruf. Schon am 12. April 1878 erhielt Major Jones von den Texas Rangers einen offiziellen Regierungsauftrag, die Jagd auf Sam Bass und seine Bande zu organisieren.

Doch nicht allein die Texas Rangers wollten Bass zur Strecke bringen. Dallas, etwas südlich von Denton County, wo sich der Outlaw in der Wildnis versteckt hielt, wurde zum Hauptquartier von Dutzenden professioneller und »nebenamtlicher« Detektive, die sich die hohe Kopfprämie verdienen wollten. Neben anderen beteiligten sich der United States Marshal Stillwell H. Russell und William Pinkerton, ein Mitglied der bekannten Detektivagentur, an der Jagd auf Sam Bass. Insgesamt sollen einhundertfünfzig Männer teilgenommen haben.

Doch zunächst geschah nichts. Die Jäger gaben großspurige Presseinterviews, konnten aber kein Mitglied der Bande, geschweige denn Bass selbst erwischen.

Erst als Major Jones – wohlweislich inkognito – in Denton County eintraf, wurden wirkungsvolle Schritte unternommen. Jones war davon überzeugt, daß es unmöglich sei, Bass in dem unwegsamen Gelände um Denton aufzustöbern. So versuchte er den Outlaw zunächst zu isolieren, indem er eine Reihe ehemaliger Komplicen verhaftete.

Bass sah seiner allmählichen Einkreisung nicht tatenlos zu. Als er merkte, daß man ihn in die Enge treiben wollte, verließ er sein Versteck. Am 12. Mai stellte Captain June Peak von den Texas Rangers mit seinen Männern die Bande bei Salt Creek im Wise County. Einer von Bass' Leuten wurde erschossen, die anderen entkamen. Auch einige weitere Versuche, Bass zu fassen, verliefen erfolglos.

Für die Verfolger wurde die Situation allmählich prekär. Denn nicht nur im nördlichen Texas, sondern im ganzen Land brach eine Bass-Hysterie aus. Aus allen Teilen von Texas trafen jetzt täglich Nachrichten ein, Bass sei gesehen worden.

Bei diesem Stand der Dinge griffen die Texas Rangers zu einer Kriegslist. Unter den Männern, die als Komplicen von Bass verhaftet worden waren, befand sich auch ein gewisser James W. Murphy. Die Rangers versprachen Murphy Straffreiheit, wenn er sich zum Schein wieder der Bande anschließen würde, um Bass bei einer günstigen Gelegenheit zu verraten.

In einem Dokument vom 21. Mai 1878 wurde der dubiose Handel aktenkundig gemacht. Wörtlich heißt es in dem von Murphy unterschriebenen Papier: »Hiermit erkläre ich, daß ich am 21. Mai 1878, während ich in Tyler ... als Komplice von Sam Bass und anderen Eisenbahnräubern vor Gericht stand, Major Jno. B. Jones durch Walter Johnson und Captain June Peak den Vorschlag machte, ich könnte zur Festnahme der Bass-Bande beitragen, wenn ich mich ihr anschließen und sie in eine Lage bringen würde, in der sie gefangen werden könnte... Die Vereinbarung bestand darin, daß ich am nächsten Morgen heimlich aufbrechen sollte, bevor das Gericht zusammentrat. Dort sollte erklärt werden, ich sei geflohen...«

Bass nahm Murphy in seine Bande auf. Er ahnte nicht, daß er

einen Verräter in seinen Reihen hatte. Murphy ließ Major Jones die Nachricht zukommen, Bass beabsichtige, die Bank in Round Rock zu überfallen. Dieser Brief ist im Original erhalten. Er strotzt von orthographischen Fehlern.

Obwohl die Bande allmählich mißtrauisch wurde, wollte Bass auf den Überfall in Round Rock nicht verzichten. In einem seiner Briefe schreibt Murphy, er sei fast entlarvt worden, und nur die Intervention eines befreundeten Bandenmitglieds habe ihn vor dem Ärgsten bewahrt.

Am 19. Juli 1878 ritt Sam Bass mit seinen Männern nach Round Rock, wo die Texas Rangers bereits auf ihn warteten. Die Bande hatte beschlossen, die Bank am Tag darauf zu berauben und wollte zunächst die Örtlichkeiten in Augenschein nehmen, um unnötige Risiken zu vermeiden.

Am Nachmittag stellten Sam Bass, Seaborn Barnes und Frank Jackson ihre Pferde vor dem Laden gegenüber der Bank ab. Murphy war unter einem Vorwand in Old Round Rock zurückgeblieben. Die drei Outlaws betraten den Laden und kauften Tabak. Die Hilfssheriffs Grimes und Moore folgten ihnen sofort. Grimes legte Barnes die Hand auf die Schulter und fragte ihn, ob er eine Waffe habe.

Die Banditen merkten, daß sie in eine Falle gegangen waren, und eröffneten das Feuer. Grimes war sofort tot, Moore erhielt einen Lungenschuß, der ihn außer Gefecht setzte. Bass wurde an einer Hand verletzt.

Als die Outlaws den Laden verließen, liefen sie direkt in den Kugelregen der Rangers und einiger Bürger von Round Rock. Seaborn Barnes erhielt einen Kopfschuß und starb kurz darauf. Bass selbst wurde schwer verwundet. Frank Jackson half ihm, sein Pferd zu besteigen. Beiden gelang die Flucht.

Am nächsten Morgen wurde Bass gefunden.

Er saß an einen Baum gelehnt in der Prärie nördlich der Stadt. Als die Verfolger ihn erreichten, hob er die Hände und sagte: »Nicht schießen. Ich bin der Mann, den ihr sucht. Ich bin Sam Bass.« Er hatte aufgegeben. Man brachte ihn zurück nach Round Rock. Er lebte noch einen Tag und war bis zu seinem Ende bei vollem Bewußtsein. Major Jones wollte ihn verhören, doch Bass verweigerte jede Auskunft. Er starb an seinem 27. Geburtstag, am 21. Juli 1878. Seine letzten Worte sind überliefert: »The world is bobbing around« (Frei: Die Welt ist aus den Fugen).

Daß Sam Bass einen Platz in der Galerie der legendären Outlaws gefunden hat, erscheint auf den ersten Blick etwas befremdlich. Seine Biographie bietet nur wenige Ansatzpunkte für die Entstehung von Legenden. Sam Bass war kaum mehr als ein leichtsinniger, lebenshungriger Junge, der in schlechte Gesellschaft geriet und so zum Outlaw wurde. Dergleichen hat es immer gegeben, nicht nur in Texas und nicht nur im 19. Jahrhundert.

Dennoch avancierte Sam Bass zum gefeierten Dime-Novel-Räuber, zum Mittelpunkt vieler Balladen und Anekdoten. Man nannte ihn den »Stolz von Texas«.

Drei Umstände haben offensichtlich die Heroisierung des Jungen aus Indiana bewirkt: Die beim Überfall in Big Springs erbeuteten Goldmünzen, mit denen Sam häufig bezahlte und die von ihren Besitzern später wie Reliquien gehütet wurden; die spektakuläre Jagd auf Bass, die ihn zum gefährlichsten aller Outlaws aufwertete; schließlich die Tatsache, daß er nicht im fairen Kampf fiel, sondern den Texas Rangers von einem Verräter in den eigenen Reihen ans Messer geliefert wurde.

Die Münzen brachten Sam Bass in den Ruf eines freigebigen Freundes der Armen. Die Jagd auf ihn, bei der er praktisch allein gegen ein Heer von Verfolgern stand, machte ihn zu einer Mitleid erheischenden Figur und sicherte ihm die Sympathie der sportlichen Texaner, die selbst ihre Outlaws am liebsten im fairen Showdown fallen sahen. Der Verrat von Jim Murphy schließlich umgab Bass endgültig mit der Aura des tragischen Helden, den nur widerwärtige Intrigen zu Fall bringen konnten.

Ferner mag sich die Sam-Bass-Legende nicht zuletzt aus dem Umstand genährt haben, daß der Outlaw bei seinen kriminellen Unternehmungen stets vor Blutvergießen zurückschreckte. Im Gegensatz etwa zu Jesse James, der mit dem Personal der von ihm überfallenen Banken und Züge nicht eben zimperlich umging, tötete Sam Bass zum ersten- und zum letztenmal in Round Rock, als er den Rangers in die Falle gegangen war.

Der Verräter Jim Murphy folgte Sam Bass elf Monate später in den Tod. Murphy starb unter mysteriösen Umständen. Es blieb ungeklärt, ob er seine Augenmedizin aus Versehen trank oder ob einer von Sams Freunden ihn vergiftete. Vielleicht hat er sogar Selbstmord verübt: Nachdem bekanntgeworden war, daß er Sam Bass verraten hatte, nahm die Bevölkerung von Denton eine so feindselige Haltung gegen ihn ein, daß er aus Angst eine Zeitlang im Gefängnis übernachtete. Mag sein, daß ihn diese Angst zum Selbstmord trieb.

Sam Bass

Sam Bass was born in Indiana, which was his native home
Before he reached young manhood, the boy began to roam
He first came out to Texas a cowboy for to be
A better hearted fellow you scarce could hope to see

Sam bought him first some race stock and also the Denton mare
He matched her in all races and took her to the fair
He fairly coined money and spent it frank and free
He drank the best of whiskey wherever he might be

He left where he was working one pretty summer day
A-headin' for the Black Hills with his cattle and his pay
In Custer City sold the lot and then went on a spree
His chums they was all cowboys rough and hard as they could be

A-ridin' back to Texas they robbed the U.P. train
For safety split in couples and started out again
The sheriff took Jo Collins who had a sack of mail
And with his pardner landed him inside the county jail

But Sam got back to Texas all right side up with care
And in the town of Denton he did his money share
The lad he was so reckless, three robberies did he do
The passenger and express car and U.S. mail car, too

Now Sam he had four pardners, all bold and daring bad
There was Richardson and Jackson, Jo Collins and Old Dad
More daring bolder outlaws the rangers never knew
They dodged the Texas rangers and beat them, too

Sam had another pardner called Arkansaw for short
But Thomas Floyd the ranger cut his career quite short
This Floyd stood six feet in his socks and passed for mighty fly
But them that knows will tell you he's a dead beat on the sly

Jim Murphy was arrested an then let out on bail
He jumped the train for Terrel after breaking Tyler jail
But old Major Jones stood in with Jim and it was all a stall
A put-up job to catch poor Sam, before the coming fall

Sam met his fate at Round Rock, July the twenty-first
They dropped the boy with rifle balls and then they took his purse
Poor Sam he is a dead lad, and six foot under clay
And Jackson's in the mesquite aiming to get away

Jim, he had took Sam Bass's gold and didn't want to pay
His only idea it was to give brave Sam away
He sold out to Sam and Barnes and left their friends to mourn
And Jim he'll get a scorching when Gabriel blows his horn

Perhaps he's got to heaven, there's none of us can say
My guess it is and surmise, he's gone the other way
And if brave Sam should see him as in the place he rolls
There'll be a lively mix-up down there among the coals

(Ein wehmütiges Lied: Der tapfere, arme Sam, verraten vom geldgierigen Jim Murphy – aber Jim wird schon gehörig hergenommen werden, wenn Gabriel sein Horn blasen wird. Und falls Sam ihn in der Hölle sehen sollte: das wird lebhafte Verwicklungen geben...)

Der Killer
John Wesley Hardin

In der Galerie der bekannten amerikanischen Outlaws nimmt Wes Hardin eine Sonderstellung ein. Im Gegensatz zu fast allen seinen berühmt gewordenen Kollegen wurde er weder zu seinen Lebzeiten noch später mit einer romantischen Aura umgeben. Daß er dennoch nicht in Vergessenheit geriet, sondern in allen einschlägigen Werken mit ausführlichen Darstellungen bedacht wird, muß man wohl der Vielzahl an Morden zuschreiben, die auf sein Konto gingen. Vierzig Kerben sollen seinen Revolverschaft geziert haben, von denen jede einen Mord bedeutete.

John Wesley Hardin wurde, wahrscheinlich 1853, als Sohn eines Methodistenpredigers in Texas geboren. Seine Eltern erzogen ihn zum Haß gegen die Yankees aus dem Norden, gegen Neger und Mexikaner. Als der Junge 1868, drei Jahre nach dem Ende des Bürgerkrieges, zum erstenmal einen Mann erschoß, war es bezeichnenderweise ein Neger, der mit anderen freigelassenen Sklaven nach Texas gekommen war. In seiner Autobiographie schrieb Hardin: »Wer angeklagt war, einen Neger getötet zu haben, war sicher, von dem Gericht verurteilt zu werden, hinter dem die Bajonette des Nordens standen. So ging ich gegen meinen Willen auf die Flucht. Ich floh nicht vor der Gerechtigkeit, sondern vor der Ungerechtigkeit und der Gewaltherrschaft derer, die den Süden niedergeworfen hatten.«

Hardin gab auf diese Weise der Legende Nahrung, die verhaßten Yankees hätten ihn auf den Weg des Verbrechens getrieben. Ähnliches pflegte ja auch Jesse James zu behaupten.

Vor der Justiz floh der Halbwüchsige mehrere Jahre lang quer durch Texas. Nirgends konnte er lange bleiben, denn wohin er auch immer kam: bald gab es Tote.

Dem Mord an dem Neger – Hardin behauptete stets, er habe in Notwehr gehandelt – folgten weitere Verbrechen. Der junge Wes hörte, daß drei Soldaten ihm auf den Fersen wären. Er legte sich in einen Hinterhalt und erschoß sie aus sicherer Entfernung.

Im Jahr darauf, 1869, tötete Hardin einen Polizeioffizier und einen gewissen Jim Bradley, mit dem er beim Pokern Streit bekommen hatte. Sein sechstes Opfer war ein Zirkusangestellter, den er zu Beginn des Jahres 1870 erschoß. Im gleichen Jahr folgten zwei weitere tödlich endende Auseinandersetzungen.

Ebenfalls 1870 saß John Wesley Hardin zum erstenmal im Gefängnis, zu Unrecht natürlich, wie er in seiner 1896 erschienenen Autobiographie versichert.

In Longview verhaftete man ihn wegen Mordes an einem gewissen Hoffman in Waco. Obwohl Hardin die Tat hartnäckig bestritt und obwohl er sie möglicherweise auch tatsächlich nicht begangen hatte, wurde er doch eingesperrt. Hardin löste das Problem auf die übliche Weise: Als er zum Prozeß nach Waco transportiert werden sollte, setzte er sich auf halber Strecke auf Nimmerwiedersehen ab, nachdem er zuvor einen Hilfssheriff erschossen hatte.

In der Nähe von Belton wurde Wes, wie man den Jungen schon jetzt überall nannte, wiederum verhaftet. Und wieder gelang es ihm zu entkommen. Diesmal blieben drei Soldaten tot auf der Strecke. Wes hatte sich nachts heimlich von seinen Fesseln befreit und seine Bewacher im Schlaf überrascht. Er ließ ihnen keine Chance.

»... Wes schnitzte zwölf Kerben in seinen Revolver, bevor er anfing, sich zu rasieren«, heißt es in der ›Pictorial History of the Wild West‹ von Horan und Sann. Es ist nicht zu bezweifeln, daß diese Zahl tatsächlich stimmt, denn jeder Fall ist detailliert überliefert.

Der junge Hardin, damals kaum siebzehn Jahre alt, wies alle Charakteristika eines gefährlichen Killers auf. Er tötete ohne Bedenken jeden, der sich ihm in den Weg stellte, und er scheute auch nicht davor zurück, aus dem Hinterhalt zu schießen oder Schlafende zu überfallen. Mag sein, daß er seinen ersten Mann tatsächlich in Notwehr erschoß, später jedenfalls gewann er Freude am Töten. Hardin war »gun crazy«, schießwütig und unberechenbar. Möglicherweise litt er eine Zeitlang an paranoiden Wahnvorstellungen. In seiner Studie über den Outlaw schreibt Hans von Hentig zu diesem Thema: »Paranoiden Komplexen begegnen wir auf Schritt und Tritt. Die Leiden des besiegten Südens, der Schock der Niederlage, die Strafpolitik der Nachkriegszeit mußten schlummernde Keime zum Leben erwecken. In Texas tobte einige Jahre lang ›der Kampf bis aufs Messer zwischen den unbezähmbaren Rebellen und den Eindringlingen aus dem Norden‹. Außer dem Yankee-Komplex wuchs mit der Macht der Schwarzen ein Negerkomplex hoch.«

Daß auch Hardin, der diese Zeit als Junge miterlebt hatte, an sporadisch auftretendem Verfolgungswahn litt, kann fast mit Sicherheit angenommen werden. Überhaupt waren Geisteskrankheiten der verschiedensten Arten unter den Outlaws keine Seltenheit. Von dem Desperado Ringo wird berichtet, er sei periodisch so bösartig gewesen, daß selbst seine Freunde ihn mieden.

Als Hardin 1871 der Boden in Texas zu heiß wurde, setzte er sich nach Abilene ab. Zwischen Texas und Kansas liegt Oklahoma, das damalige Indian Territory. Auf dem Weg durch das Indianergebiet tötete Hardin zwei Mitglieder des Osagen-Stammes. Kaum auf dem sicheren Boden von Kansas, fing er Streit mit einem mexikanischen Viehtreiber an und erschoß fünf Mexikaner.

Zu jener Zeit war Abilene eine der unruhigsten Cattle Towns des Westens, bevölkert von professionellen Spielern, leichten Mädchen, Halsabschneidern jeder Art und rauhen Viehtreibern, die in wenigen Nächten den Lohn mehrerer Monate Arbeit durchbrachten.

Als Hardin Ende Juni 1871 in Abilene eintraf, war Wild Bill Hickok Marshal des Ortes. Der junge Mann aus Texas war für seine unberechenbare Art bekannt. Ein Zusammenstoß zwischen dem Killer und dem Marshal schien unvermeidlich.

Über das historische Treffen zwischen Wild Bill Hickok und Wes Hardin gibt es eine Reihe sehr verschiedener Versionen. Den Bericht des bekannten Cowboys und Pinkerton-Detektivs Charles A. Siringo über die Begegnung geben wir mit einigen Vorbehalten wieder:

»Eines Abends hatte Columbus Carroll (Anmerkung: Hardins Freund) in einem Tanzsaal Ärger mit einem Polizeibeamten namens Carson. Wes sprang auf und richtete seine Pistole auf den Kopf des Polizisten. Er forderte ihn auf, den Saal zu verlassen und seinem langhaarigen Häuptling Wild Bill auszurichten, er solle herkommen, dann ergehe es ihm genauso. Später am Abend trafen sich Wes und Bill auf der Straße. Hickok richtete seine Pistole gegen den jungen Hardin und forderte ihn auf, ihm seine Waffen zu übergeben. Wes zog beide Pistolen aus dem Halfter, die Mündungen gegen sich selbst gerichtet. Wild Bill senkte seine Waffe, die auf den Kopf des Jungen gerichtet war, und griff nach den Pistolen. Doch plötzlich wirbelten die beiden Pistolen herum und waren auf den Kopf des Marshals gerichtet. Wes befahl ihm seine Waffe einzustecken und keinen Ärger zu machen. Und so geschah es.«

Siringos Bericht stimmt vermutlich, wenn überhaupt, nur zum Teil. Es erscheint ziemlich unwahrscheinlich, daß sich der erfahrene Town Marshal von einem halbwüchsigen Killer hereinlegen ließ. Wäre Hardin tatsächlich in eine so günstige Position gelangt, hätte er vermutlich nicht gezögert, Wild Bill zu erschießen, um zu unsterblichem Ruhm zu gelangen.

Auf jeden Fall kam es nie zum Duell, zum Showdown, zwischen Hardin und Hickok. Es heißt sogar, die beiden Männer hätten Freundschaft geschlossen, was nicht übermäßig glaubhaft erscheint.

Wes Hardin blieb einige Monate in Abilene und tötete in dieser Zeit nur einen Mann, wahrscheinlich aus Versehen.

1872 machte Hardin wieder Texas unsicher. Er ermordete zwei farbige Polizisten, die auf ihn Jagd machten, heiratete zwischendurch ein Mädchen namens Jane Bowen und brachte einige Mexikaner um.

Im Juni 1872 wäre die Laufbahn des jugendlichen Outlaws fast zu Ende gewesen. Bei einem Aufenthalt in Trinity City geriet er mit einem gewissen Phil Sublet in Streit, woraufhin ihm dieser zwei Kugeln in den Bauch schoß.

Hardin überlebte und wurde von Verwandten in den nächsten Monaten versteckt. Freilich blieb der Polizei nicht verborgen, daß Wes angeschossen worden war. Die Gelegenheit schien günstig, ihn ein für alle Male auszuschalten. Am 27. August wurde er gestellt, konnte aber noch einmal entkommen. Bei seiner Flucht erschoß er einen Polizisten und erhielt selbst einen Schuß in den Oberschenkel.

Wenig später ergab sich John Wesley Hardin erschöpft und verwundet der Posse von Sheriff Dick Reagan von Cherokee County. Bei seiner Festnahme schoß ihm ein Polizist ins Knie. Wir wissen nicht, ob diese Tat der Nervosität oder der Erbitterung über Hardins viele Polizistenmorde zuzuschreiben ist. Sie paßt so wenig in eine romantische Vorstellung vom Westen wie auch die Figur von John Wesley Hardin selbst.

Man brachte den halbtoten Outlaw ins Gefängnis von Gonzales, wo er langsam genas und auf seinen Prozeß wartete. Im Oktober schmuggelte irgend jemand unter ungeklärten Umständen Ausbruchswerkzeuge in Hardins Zelle. Wieder einmal konnte der junge Desperado entkommen.

1873 verdingte sich Hardin als bezahlter Killer in der berühmten Auseinandersetzung zwischen den Familien Sutton und Taylor, zwei Dynastien von Rinderbaronen, die im DeWitt County im Südosten von Texas residierten. Hardin schlug sich auf die Seite der Taylors und machte sich zielstrebig daran, die Suttons und ihre Parteigänger zu dezimieren.

Nach dem Ende der Sutton-Taylor-Auseinandersetzung ging Hardin zusammen mit Jim Taylor nach Comanche, wo er ein verhältnismäßig ruhiges Leben führte und sich hauptsächlich mit Pferderennen beschäftigte. Im Mai 1874 erlitt er einen Rückfall in alte Gewohnheiten, als er den Hilfssheriff Charlie Webb nach kurzer Bekanntschaft erschoß.

Und wieder einmal war Wes Hardin auf der Flucht.

Diesmal hatte er fraglos den Bogen überspannt, denn Webb war ein allseits angesehener und beliebter Mann gewesen. So begannen sich die Texas Rangers für den Fall zu interessieren. Captain Waller nahm mit einer Posse Hardins Verfolgung auf.

Die Parole »Get Hardin« (Faßt Hardin) verbreitete sich in ganz Texas. Auf die Ergreifung des Outlaws wurde eine Prämie von 4000 Dollar ausgesetzt.

Hardin wandte sich nach Osten. In den folgenden drei Jahren tauchte er in Louisiana, Florida, Georgia und Alabama auf.

Im August 1877 endete die Jagd auf Wes Hardin in einem Zug in der Nähe von Pensacola in Florida. John Armstrong, ein Leutnant der Texas Rangers, überrumpelte ihn und nahm ihn ohne Blutvergießen fest. Der Gefangene behauptete, sein Name sei John Adams. Erst als Leutnant Armstrong telegrafisch Papiere anforderte, die Hardins Identität eindeutig feststellten, gab sich der Outlaw geschlagen.

Der Prozeß gegen John Wesley Hardin fand Ende September 1877 in Comanche City statt.

In einem Bericht, der in der ›Galveston News‹ erschien, heißt es unter anderem: »Er (gemeint ist Hardin) war sehr gesprächig und erzählte freimütig von seinen schrecklichen Abenteuern. Er zeigte Bedauern in bezug auf seine, wie er es bezeichnete, Irrtümer und hofft auf die Zukunft.«

Wegen Mordes zweiten Grades an Hilfssheriff Webb wurde Hardin zu 25 Jahren Gefängnis verurteilt. 1893 begnadigte ihn Gouverneur Hogg. Nach seiner Entlassung ließ sich Hardin ausgerechnet als Rechtsanwalt nieder. Während seiner Strafzeit hatte er Jura studiert.

Am 19. August 1895 wurde John Wesley Hardin im Acme Saloon in El Paso beim Würfelspiel von hinten erschossen. Seine letzten Worte sollen gelautet haben: »Four sixes to beat – Vier Sechsen sind zu überbieten.«

Es gibt keine romantische Wes-Hardin-Legende. Der vermutlich geisteskranke Killer, der zeit seines Lebens gejagt wurde, war selbst in Texas nie übermäßig beliebt. In den siebziger Jahren, so wird überliefert, erschreckten Mütter ihre unartigen Kinder mit der Drohung, sie sollten brav sein, sonst käme Wes Hardin und hole sie.

Der Fall Hardin freilich bleibt interessant, weil er eindringlich die desillusionierende Wirklichkeit jener wilden Jahre im Westen spiegelt.

Das Gesetz westlich des Pecos
Roy Bean

Nur langsam setzten sich Recht und Gesetz im Westen durch. Viele Sheriffs waren ihrer Aufgabe als Ordnungshüter nicht gewachsen, einige waren selbst kriminell. Zudem begünstigten die Weite und die geringe Besiedlungsdichte des Landes das Treiben der Outlaws, die oft spurlos verschwunden waren, bevor der zuständige Sheriff überhaupt von ihrem Verbrechen erfuhr.

Angesichts dieser Situation ist es nicht verwunderlich, daß aufgebrachte Bürger allenthalben zur Selbstjustiz schritten. Wurde etwa ein Viehdieb auf frischer Tat ertappt, so hängte man ihn gewöhnlich ohne große Umstände am nächsten Baum auf. In manchen Gegenden war die Zahl der Lynchmorde weitaus höher als die der von ordentlichen Gerichten gefällten Todesurteile. Bisweilen organisierte sich die Bürgerschaft in sogenannten »Committees of Vigilance«, Selbsthilfeorganisationen, die mit drakonischer Härte vorgingen. 1851 und 1855 traten Vigilantes in San Francisco in Aktion. Sie bekämpften die »Sidney Ducks«, eine Bande ehemaliger Sträflinge aus Australien, und hängten einen Mörder, der aus politischen Gründen freigesprochen worden war. Eine gewisse Berühmtheit erlangten auch die Vigilantes von Montana, die in den sechziger Jahren unter der Führung von X. Beidler auf ihre Weise für Recht und Ordnung sorgten. Ihnen fielen beispielsweise die bekannten Outlaws Jack Slade und Henry Plummer zum Opfer.

Daß die fragwürdigen Aktivitäten der Vigilance Committees in der Öffentlichkeit überwiegend mit Beifall bedacht wurden, zeugt sehr nachdrücklich von der allgemeinen Rechtsunsicherheit. Man war froh, daß den Banditen das Handwerk gelegt wurde, und sorgte sich kaum um die Methoden, mit denen das geschah. Es sind viele Fälle überliefert, bei denen das rasche und erbarmungslose Vorgehen der selbsternannten Gesetzeshüter Unschuldige an den Galgen brachte. Mitunter diente das Vorgehen gegen vermeintliche Verbrecher nur als Vorwand zu einem privaten Racheakt.

Allein vor diesem historischen Hintergrund wird es verständlich, daß der Friedensrichter Roy Bean von seinen Zeitgenossen mit der liebenswürdigen Aura eines kauzigen Originals umgeben wurde.

Bean stammte aus Kentucky, wo er vermutlich 1825 oder 1826 geboren wurde. Bevor er als »Law West of the Pecos« (Das Gesetz westlich des Pecos) zu dauerndem Ruhm gelangte, führte er ein unstetes Abenteurerleben. Zunächst zog es ihn nach Mexiko, wo er in Chihuahua einen einheimischen Pistolero erschoß. Mit den Forty-Niners kam Bean nach Kalifornien, um Gold zu suchen. Nach einem wohl nicht ganz fairen Duell, bei dem er wiederum einen Mann erschoß, steckte man ihn in San Diego einen Monat lang ins Gefängnis.

Wenig später kam Roy Bean zum erstenmal mit jenem Strick in Berührung, mit dem er später so viele Männer aufknüpfen ließ.

In einer Mission bei Los Angeles tötete er bei einer Auseinandersetzung um ein Mädchen einen Mexikaner. Die Freunde des Toten warteten nicht auf einen Prozeß, sondern hängten den Täter kurzerhand auf.

Bean pflegte später zu erzählen, das Mädchen habe ihn wenige Minuten später aus seiner mißlichen Lage befreit, und so sei er noch einmal davongekommen. Wir wissen nicht, ob dies nur eine romantische Legende ist. Beans Bekanntschaft mit dem Strick wird jedenfalls von entsprechenden Narben bezeugt, von denen alle Chronisten übereinstimmend berichten.

Der Bürgerkrieg sah den unverhofft ins Leben Zurückgekehrten auf der Seite der Konföderierten. In New Mexico stellte er eine Guerilla-Truppe auf, die sich »Free Rovers« nannte, im Volksmund aber bald als »The forty Thieves« (Die vierzig Diebe) bekannt wurde. Auch andere Taten, die er angeblich im Dienst der Südstaaten vollbrachte, trugen ihm schließlich den Ruf eines notorischen Gauners ein.

Berühmt wurde Roy Bean erst als alter Mann, alt jedenfalls im Hinblick auf die unruhigen Zeitläufe, die einem langen Leben nicht eben förderlich waren. Er war fast 60, als ihn der Bau der Southern Pacific ins westliche Texas zog. In Vinegaroon, einem Zeltlager an der Strecke, wählten die Eisenbahnarbeiter den mit der Justiz bislang nur als Angeklagter Vertrauten 1882 zum Friedensrichter. Als das Lager aufgelöst wurde, zog Bean weiter nach Langtry, wo er sich endgültig niederließ.

Er eröffnete eine Kneipe, die zugleich als Gerichtssaal diente. Vor der Tür des »Jersey Lilly«-Saloons, so benannt nach einer von Bean verehrten englischen Schauspielerin, verkündete ein Schild, hier residiere das »Gesetz westlich des Pecos«.

Als solches gelangte Bean in den folgenden Jahren zu überregionalem Ruhm. Texanische Zeitungen wurden auf den resoluten Friedensrichter und seine drakonischen Urteile aufmerksam und unterhielten ihre Leser mit immer neuen Bean-Stories.

In seinem Buch ›Der Desperado‹ bemerkt Hans von Hentig über Bean: »Seine originellen Entscheidungen werden niemand in Verwunderung setzen, der sein Altersbild, das eines gerissenen chronischen Alkoholikers, mustert.«

In der Tat sprach Richter Bean zeit seines Lebens gern und oft dem Whisky zu, was im Alter wohl zu gewissen Ausfallerscheinungen führte. Diese wiederum, verbunden mit einer zunehmenden natürlichen Senilität, erklären seine außerordentlich unorthodoxe Rechtsprechungspraxis.

Vierzehn Jahre lang, bis 1896, residierte Roy Bean in Langtry als Herrscher über Leben und Tod. Da die Opfer seiner »Necktie Justice« überwiegend Mexikaner und Einwanderer aus dem Osten waren, wählte die zufriedene Bevölkerung ihren Friedensrichter immer wieder.

Beans Amtsausübung war von ziemlich bizarren Praktiken begleitet, die verschiedene Chronisten sehr detailliert beschrieben haben.

Wenn das Gericht zusammentrat, wurde die im gleichen Raum befindliche Bar geschlossen. Beans Faktotum kündigte den Beginn der Verhandlung an: »Hört, hört! Der ehrenwerte Gerichtshof ist zusammengetreten. Wenn jemand etwas zu trinken haben will, bevor wir anfangen, so möge er vortreten und sagen, welches höllische Gemisch er wünscht.«

Verhandelt und abgeurteilt wurde gewöhnlich sehr schnell. Die ausschließlich mit Beans Freunden besetzte Geschworenen-Jury kam rasch zu einem einstimmigen Urteil. Wurde ein Angeklagter nicht zum Tode verurteilt, was gelegentlich auch vorkam, so konfiszierte der Richter fast immer seine Habseligkeiten.

Seine Vertrauten ernannte Bean zu Hilfssheriffs. Sie besaßen das Recht, jeden angeblichen Verbrecher ohne richterlichen Haftbefehl einzusperren. Auf diese Weise hatte man stets genug Angeklagte zur Verfügung, die man aufhängen oder doch wenigstens schröpfen konnte.

Die Legende will es, daß Richter Bean seine Urteilssprüche mit blumigen Bemerkungen versah. Im Fall des wegen Viehdiebstahls angeklagten Mexikaners Carlos Robles sollen dem

Urteil folgende Sätze vorausgegangen sein: »Die Jahreszeiten werden weiterhin kommen und gehen; der Frühling mit seinem grünen Gras und süß duftenden Blumen auf jedem Hügel und in jedem Tal; dann wird der schwüle Sommer kommen, mit seinen flirrenden Hitzewellen vor dem glühenden Horizont; und der Herbst mit seinem gelben Erntemond und seinen braun und golden gefärbten Hügeln unter der sinkenden Sonne; und schließlich der Winter mit seinem beißenden heulenden Wind, und das ganze Land wird mit einem Mantel aus Schnee bedeckt sein. Aber du, Carlos Robles, wirst nicht hier sein, um all das zu sehen, nicht mit einem einzigen verdammten Blick. Denn es ist der Wille dieses Gerichts, daß du zum nächsten Baum gebracht und am Hals gehängt wirst, bis du tot, tot, tot bist – du olivfarbener Sohn eines Ziegenbocks.«

Wir geben dies in erster Linie seiner Kuriosität wegen wieder. Denn daß die oben zitierte Erklärung tatsächlich von Roy Bean stammt, erscheint aus zwei Gründen äußerst zweifelhaft: Einmal ist es unwahrscheinlich, daß der des Lesens und Schreibens nur mangelhaft kundige senile Alkoholiker einen solchen rhetorischen Kraftakt überhaupt vollbringen konnte, zum anderen werden die gleichen Sätze mit geringfügigen Abweichungen auch einem anderen berüchtigten Richter, Isaac Parker, zugeschrieben. Am wahrscheinlichsten ist, daß sie aus der Feder eines phantasievollen Journalisten stammen.

Dagegen sind einige von Roy Beans Urteilen ohne legendäre Ausschmückungen überliefert. Über eins berichtete die in El Paso erscheinende ›Daily Times‹ in ihrer Ausgabe vom 2. Juni 1884: »Hier die letzte Neuigkeit von Roy Bean: Irgend jemand brachte einen Chinesen um und wurde daraufhin dem unverwüstlichen Roy vorgeführt, der zwei oder drei zerfledderte juristische Bücher Paragraph um Paragraph durchsah und schließlich den Angeklagten mit der Bemerkung freisprach, er wolle verdammt sein, wenn er irgendein Gesetz finden könnte, das es untersagt, einen Chinesen zu töten.«

Auf den ersten Blick mag diese Episode komisch erscheinen, aber sie belegt genau Beans Vorstellung von Recht und Gesetz: Weiße haben grundsätzlich recht, Farbige, Mexikaner und Chinesen unrecht.

In Myron W. Tracys Buch ›Roy Bean: Law West of the Pecos‹ wird folgender Dialog wiedergegeben, der sich zwischen dem Richter und einem seiner Freunde, der einen Gefangenen mitbrachte, abgespielt haben soll:

»Was wird dem Gefangenen vorgeworfen?«
»Pferdediebstahl.«
»Wessen Pferde?«
»Meine.«
»Bist du sicher?«
»Ich habe ihn auf frischer Tat ertappt.«
»Wer hat sein Ohr verletzt?«
»Das war ich, als er nicht aufhörte.«
». . . Hiermit verkünde ich, daß der Angeklagte schuldig ist. Der Rest ist deine Sache, Jack. Du kaufst ihm besser noch einen Drink, bevor du ihn aufhängst. Die Sitzung ist geschlossen.«

Mit derart rigorosen Sprüchen machte sich Roy Bean schon zu Lebzeiten einen so legendären Namen, daß sein Bruder Samuel über ihn schreiben konnte: »Man kann in Yale oder in Harvard studiert haben und eine Menge Auszeichnungen besitzen, aber wenn man noch nichts von Richter Roy Bean aus Texas gehört hat, tappt man im dunkeln, und es bleibt noch ein großer Hohlraum im klassisch geschulten Kopf.«

Beans eigenartige Karriere endete 1896. Als er sich erneut zum Friedensrichter wählen lassen wollte, ergab die Auszählung, daß 100 Stimmen zuviel abgegeben worden waren. Bean wurde des Wahlbetrugs überführt und verlor sein Amt. Er starb 1903.

In der Geschichte des Westens ist Roy Bean kein Einzelfall. Richter Isaac Charles Parker, berüchtigt als »The Hanging Judge«, verurteilte während seiner Amtszeit in Fort Smith, Arkansas, 168 Männer und vier Frauen zum Tode. 88 von ihnen wurden tatsächlich hingerichtet. Erst 1889, als sich der Supreme Court einiger von Parker bearbeiteter Fälle annahm, konnte seinem Treiben Einhalt geboten werden.

Der Indianer Apache Kid

Schon in den sechziger Jahren des 19. Jahrhunderts war Arizona eine unruhige Gegend. Die Bedrohung der weißen Siedler durch die Apachen nahm bedrohliche Ausmaße an. Hilfe von Bundestruppen konnten die Bewohner des südwestlichen Grenzstaates zunächst kaum erwarten: Die Soldaten wurden im Bürgerkrieg gebraucht. Einige unfähige Generäle versuchten mehr oder weniger auf eigene Faust, mit den Indianern fertig zu werden. Ihre Methoden waren meist außerordentlich grausam. So gab zum Beispiel 1862 General J. H. Carleton seinem Colonel Kit Carson den Befehl: »Alle Männer dieses Stammes sind zu töten, wann und wo immer Sie sie antreffen.«

Die Apachen setzten sich zur Wehr. Unter der Führung so fähiger Häuptlinge wie Cochise und Mangas Coloradas kämpften sie erfolgreich gegen die weißen Eindringlinge. Erst 1871 bahnte sich das Ende der Indianerkriege in Arizona an, als Major-General George Crook den Befehl übernahm. Crook ließ die Indianer wissen, er wünsche Frieden und wolle verhandeln, gedenke aber gnadenlos zu kämpfen, wenn die aufständischen Stämme nicht einlenkten.

Es gelang Crook, die Apachen in ihre Reservationen zurückzuführen. Unter jenen, die Ende 1872 in der San Carlos Reservation eintrafen, befand sich ein schmächtiger kleiner Junge, den die weißen Verwalter bald »Apache Kid« nannten.

Der Kleine, der sich lebhaft für das Leben der Weißen interessierte, schloß sich eng an den Chef der Reservationspolizei, Clay Beauford, an. Als Apache Kid älter wurde, erschien es nur natürlich, daß er als Scout in die Polizei von San Carlos eintrat. Später sagte man, er sei einer der besten Scouts gewesen.

Der indianische Kundschafter wäre heute längst vergessen, wenn man nicht seinen Vater ermordet hätte. Der Täter, ebenfalls ein Indianer, floh aus San Carlos. Apache Kid bat um die Erlaubnis, die Reservation verlassen zu dürfen, um den Tod seines Vaters zu rächen. Als ihm das verweigert wurde, zog er auf eigene Faust mit einigen Stammesgenossen los und erstach nach kurzer Jagd den Mörder.

Damit endet die Geschichte des Scouts Apache Kid. Denn hier beginnt die Geschichte des berüchtigten Outlaws. Der Kid hatte den Konflikt der Pflicht – einerseits der Polizei, andererseits seinem Stamm gegenüber – auf indianische Weise gelöst.

Dennoch kehrte er 1887 in die Reservation zurück, wo er und seine Freunde sofort gestellt wurden. Die Indianer zogen ihre Waffen und eröffneten das Feuer. Bei dem Schußwechsel wurde Al Sieber, der Chef der Scouts von San Carlos, so unglücklich ins Bein getroffen, daß es später verkrüppelte.

Sieber, 1844 in Deutschland geboren, gehörte zu den berühmtesten Gestalten der Indianerkriege im Südwesten. Während des Bürgerkrieges wurde er bei Gettysburg verwundet und ging nach seiner Entlassung aus der Armee nach Arizona, wo er als Führer, Dolmetscher und Chefkundschafter bis 1891 diente. 1907 kam er bei einem Unfall ums Leben.

Man weiß nicht, ob es Apache Kid selbst oder ein anderer Indianer war, der den Schuß auf Al Sieber abgab. Auf jeden Fall gelang dem Kid und seinen Männern noch einmal die Flucht. Sie ritten nach Süden, in Richtung Mexiko, narrten aber dann ihre Verfolger mit einem geschickten Täuschungsmanöver und kehrten abermals in die Reservation zurück. Während ihrer Flucht töteten sie zwei Weiße.

Siebers Scouts stöberten den Kid und seine Begleiter schließlich im San-Carlos-Gebiet auf und zwangen sie, sich zu ergeben.

Apache Kid und vier andere Indianer wurden zu Gefängnisstrafen bis zu zwanzig Jahren verurteilt und auf die berüchtigte Sträflingsinsel Alcatraz vor San Francisco übergeführt.

Aber auch dort blieb Apache Kid nicht lange. Schon ein Jahr später, 1889, wurde er von Präsident Grover Cleveland begnadigt.

Der Kid und seine Gefährten kehrten in die Reservation zurück, nunmehr schon zum drittenmal. Und wiederum wurden sie verhaftet. Unter Mißachtung der Weisungen aus Washington verurteilte ein Gericht in Globe im Oktober 1889 den Kid zu zehn Jahren Gefängnis wegen des Überfalls auf Sieber.

Am 1. November des gleichen Jahres sollten Apache Kid, sieben weitere Indianer und ein Mexikaner von Globe ins Gefängnis nach Yuma gebracht werden. Sheriff Glenn Reynolds aus Gila County, sein Gehilfe William H. Holmes und der Kutscher Eugene Middleton übernahmen den Transport der Gefangenen.

Ungefähr auf halber Strecke legte Sheriff Reynolds eine Pause ein. Die Sträflinge, mit Handschellen aneinandergefesselt, durften den Wagen verlassen und sich die Beine vertreten. Plötzlich fielen zwei Indianer mit ihren ungefesselten Armen über Reynolds her. Es gelang ihnen, sich und die übrigen zu befreien. Der Sheriff und sein Gehilfe wurden erschossen, der Kutscher schwer verwundet. Er stellte sich tot und überlebte so den Ausbruch.

Apache Kid war wieder frei.

In den folgenden fünf Jahren beging er eine Vielzahl von äußerst grausamen Gewaltverbrechen und stieg auf zum gefürchtetsten Outlaw von Arizona. Gouverneur Lewis Wolfley setzte auf seine Ergreifung eine Belohnung von 500 Dollar aus, die 1893 auf das Zehnfache erhöht wurde.

Doch Apache Kid wurde nicht gefaßt. Stehlend und mordend zog er durch Arizona. Es heißt, er sei sogar gelegentlich heimlich nach San Carlos zurückgekehrt, um sich junge Mädchen auszusuchen und mitzunehmen. Beweise dafür gibt es allerdings nicht.

Immerhin scheint festzustehen, daß der Kid und seine Bande, die ausschließlich aus Apachen bestand, immer wieder über die Grenze nach Mexiko gingen und dort ihre Beute verkauften.

Im Herbst 1894 meldete sich in Globe ein ehemaliger Scout namens Montgomery, der behauptete, er habe mit Apache Kid gesprochen. Diese Behauptung klingt insofern etwas unwahrscheinlich, als bis dahin alle Weißen, die den Kid getroffen hatten, eines gewaltsamen Todes gestorben waren. Montgomery aber war zurückgekehrt und schilderte den Zeitungen sein Erlebnis mit Apache Kid.

Wenn wir im folgenden einen Auszug seiner Erzählung bringen, so nur mit dem ausdrücklichen Hinweis, daß es für die Richtigkeit keinen anderen Zeugen gibt als Montgomery selbst.

Montgomery behauptete, er habe sich auf der Suche nach prähistorischen Ruinen weit in die Wildnis vorgewagt. Als sein indianischer Führer ihn verlassen habe, sei er auf eigene Faust weitergeritten und schließlich auf ein Indianerlager gestoßen.

»Endlich näherte ich mich dem Lager und stieg vom Pferd, als ich noch etwa zwanzig Fuß entfernt war. Ich ließ mein Gewehr in der Satteltasche, warf die Zügel über den Kopf des Pferdes und ging auf das Feuer zu. Ich hatte meinen Tabaksbeutel aus der Tasche gezogen und begonnen, meine Pfeife zu stopfen, als die seltsamen Bewegungen der Indianer am Feuer meinen Argwohn erregten. Als ich heimlich zur Seite blickte, bemerkte ich, daß ich von einer Winchester in der Hand eines der Indianer bedroht wurde. Dieses Gefühl war nicht eben erfreulich, kann ich Ihnen sagen, besonders, als ich mich dem Mann zuwandte, der mein Leben in seiner Hand hielt, und im gleichen Augenblick bemerkte, daß es Apache Kid war. Mit gespielter Gleichgültigkeit sagte ich zu ihm: ›Hello, old man, you've got me.‹ – ›Yes‹, antwortete er, ›but me no fight if you no fight.‹ Diese Erklärung beruhigte meine Nerven etwas, und ich erklärte ihm meinerseits, daß ich durchaus nicht kämpfen wolle, und bat ihn, das Gewehr wegzulegen. Als er den Hahn seiner Waffe zurückschnellen ließ, bot ich ihm Tabak an und forderte ihn auf zu rauchen. Das war sozusagen die Friedenspfeife, und meine Sicherheit hing davon ab, ob er sie annahm oder zurückwies. Ich war völlig in seiner Gewalt. Er schaute mir eine halbe Minute lang direkt ins Gesicht, bevor er sich zu etwas entschloß, und nahm dann endlich den Tabak aus meiner Hand und sagte dann, er sei gut. Mein Argwohn während dieser halben Minute war groß und meine Erleichterung entsprechend riesig, als er mein Friedensangebot annahm. Nachdem er sich eine Zigarette gerollt und angesteckt hatte, wurde er gesprächiger. Zuerst fragte er, wo Al Sieber sei. Ich hatte den Eindruck, daß er für den ehemaligen Chef der Scouts nicht eben freundliche Gefühle hegte. Sieber nämlich hatte den Kid immer beschuldigt, er habe den Schuß abgefeuert, der sein Bein verkrüppelt hatte, obwohl einige behaupten, ein anderer Indianer sei es gewesen. Ich sagte ihm, ich wüßte nicht, wo Sieber sei. Dann fragte er mich, wo der Mann sei, der ihm gewöhnlich sein Essen im Gefängnis in Globe gebracht hatte. Er meinte zweifellos den verstorbenen Jerry Ryan, der damals Deputy von Sheriff Reynolds war. Als ich sagte, ich könne das nicht beantworten, bemerkte der Kid, jener sei ein guter Mann gewesen. Dann gab der Kid einem der anderen Indianer ein Zeichen, der daraufhin zu meinem Pferd ging, das Gewehr vom Sattel nahm, die Patronen entfernte und in seine Tasche steckte. Dann lehnte er das Gewehr an einen Baum, wo schon ihre eigenen Gewehre standen.

Nach dieser Vorsichtsmaßnahme fragte der Kid nach der Belohnung, die für seine Festnahme ausgesetzt war; er habe gehört, es seien 15 000 Dollar, worauf ich ihm versicherte, es seien nur 5000 Dollar und daß ich persönlich nichts davon wollte, was in diesem Moment ja auch hundertprozentig richtig war. Er teilte mir mit, daß er auf seiner gegenwärtigen Reise nicht zu kämpfen gedenke, womit er wohl meinte, er würde niemanden töten und keine Plünderungen begehen... Nachdem wir unser Gespräch noch eine Weile fortgesetzt hatten, sagte der Kid freundlich ›Auf Wiedersehen‹ und ließ sich sogar dazu herab, mir die Hand zu schütteln.«

Soweit der Bericht von Montgomery.

Kurze Zeit später hörte der Terror urplötzlich auf. Apache Kid war verschwunden und tauchte nie wieder auf. Niemand weiß, was aus ihm geworden ist. Mag sein, daß er bei einem seiner Überfälle ums Leben kam; mag sein, daß er das unruhige Leben leid war und sich über die Grenze nach Mexiko absetzte.

Bald nach dem rätselhaften Verschwinden des Indianers meldete sich ein gewisser Clark und behauptete, er habe Apache Kid tödlich verwundet. Jener müsse sich dann irgendwo in der Wildnis verkrochen haben, um allein zu sterben.

Es konnte nicht ausbleiben, daß Clarks Aussage angezweifelt wurde. Schließlich ging es nicht zuletzt um die erwähnten 5000 Dollar Belohnung. 1897 schrieben einige Zeitungen in Arizona, der Kid sei in der mexikanischen Sierra Madre getötet worden. Aber auch für diese Behauptung konnten keine Beweise erbracht werden. Wie im Fall des mexikanischen Banditen Joaquin Murieta herrscht bis heute Ungewißheit über das Ende von Apache Kid. Vielerorts hielt sich die Meinung, er sei nach Mexiko gegangen und habe dort ein neues Leben angefangen, eine Ansicht, die auch von dem mexikanischen Colonel Kosterlitsky vertreten wurde. Jener berichtete 1899, Apache Kid habe in der Gegend von Chihuahua zusammen mit einigen Stammesgenossen eine friedliche Siedlung gegründet.

Wie immer Apache Kid auch ums Leben gekommen sein mag, eins steht jedenfalls fest: Sein Fall spiegelt die Tragödie eines ganzen Volkes wider.

Der Junge wurde zum Mörder, indem er den Gesetzen seines Stammes folgte: Der Mörder seines Vaters mußte durch seine Hand fallen. Apache Kid handelte, wie er als Indianer handeln mußte, aber man bestrafte ihn nach den Gesetzen der weißen Eindringlinge. Mit Recht betrachtete der Indianer die Strafe als ungerecht und floh. Doch immer wieder kehrte er in die Reservation zurück und versuchte sich loyal zu verhalten. Aber die Weißen betrogen ihn. Sie steckten ihn ins Gefängnis, obwohl der Präsident ihn begnadigt hatte.

So wurde Apache Kid zum Verbrecher, offensichtlich getrieben von den Umständen, gegen seinen Willen. Er rächte sich an den Weißen auf ähnliche Weise wie Häuptling Cochise und seine Krieger. Beide hatten versucht, mit den neuen Herren in Frieden zu leben, beide waren betrogen worden, beide wehrten sich mit den einzigen Mitteln, die ihnen zur Verfügung standen: mit Gewalt und Terror.

Der Dichter
Charles E. Bolton

Fast alle berühmten Outlaws, die von den zeitgenössischen Chronisten sogleich mit Robin Hood und anderen legendären Edelräubern verglichen wurden, waren meist nicht mehr als gewöhnliche Diebe und Mörder. Erst ihre Biographen umgaben sie mit einer romantischen Aura.

Einer der ganz wenigen, vielleicht der einzige, auf den die literarischen Klischees vom Gentleman-Räuber in gewisser Weise zutrafen, trieb zwischen 1875 und 1883 in Kalifornien sein Unwesen.

Black Bart, wie er sich nannte, raubte Postkutschen der Wells-Fargo-Gesellschaft aus. Stets malerisch mit langem Staubmantel und Kapuze angetan, pflegte er die Kutscher höflich, aber bestimmt um die Herausgabe der mitgeführten Geldkiste zu ersuchen, wobei er seiner Aufforderung mit einem Gewehr den entsprechenden Nachdruck verlieh.

Insofern war Black Bart eigentlich nichts Besonderes. Mit Straßenräubern hatte es Wells Fargo fast täglich zu tun.

Dennoch unterschied sich Black Bart erheblich von gewöhnlichen Wegelagerern. Die Fahrgäste, die er stets ungeschoren ließ, bestätigten ihm später die Manieren eines perfekten Gentleman. Und weil sich Black Bart ausschließlich für die Geldkisten interessierte und nicht für das Hab und Gut der Passagiere, mochte ihm außer der Wells Fargo auch niemand so recht böse sein.

Populär wurde Black Bart allerdings nicht allein durch seine auffallend guten Manieren. Der höfliche Outlaw pflegte einen ganz besonderen Tick: Nach jedem Überfall hinterließ er am Tatort ein selbstverfaßtes Gedicht. Eines hieß zum Beispiel:

Here I lay me down to sleep
To wait the coming morrow
Perhaps success, perhaps defeat
And everlasting sorrow
Yet come that will, I'll try it once
My condition can't be worse
And if there's money in that box
'Tis munney in my purse

Die Übersetzung lautet etwa so:

Hier leg' ich mich zum Schlafen nieder
Und wart' auf morgen früh
Vielleicht geht's gut, vielleicht geht's schief
Und dazu die ewigen Sorgen
Doch komme, was da wolle, ich versuch's noch mal
Meine Lage kann nicht schlechter sein
Und wenn Geld im Kasten ist
Wird's bald in meiner Börse sein

Diese hübschen Verse sind nicht der Phantasie eines Schriftstellers entsprungen, sondern stammen tatsächlich von Black Bart. Als Faksimile zieren sie einen 1878 gegen ihn erlassenen Haftbefehl, der 800 Dollar Belohnung demjenigen versprach, der den Räuber festnimmt. Daß das Gedicht faksimiliert ebenfalls auf dem Dokument zu finden ist, hat rein praktische Gründe: Man hoffte, Black Bart auf Grund seiner Handschrift zu überführen. Doch der Outlaw hatte nicht nur Humor, sondern er war auch intelligent: Jede Zeile zeigt im Original ein anderes Schriftbild.

Seine Werke, die er meistens in der leeren Geldkiste deponierte, unterschrieb Black Bart mit seinem »Künstlernamen« und dem Zusatz »PO-8«. Gesprochen heißt dieses originelle Kürzel »Poet« (8 = eight): der Dichter.

Der dichtende Outlaw war zweifellos eine Ausnahme unter seinen Zunftgenossen. Seine Originalität brachte ihm bald den Beinamen »Poet Laureate of Outlawry« ein.

Wie viele Kutschen der »Dichter« in den acht Jahren seiner Tätigkeit ausgeraubt hat, läßt sich nicht mehr genau feststellen. Die Angaben schwanken zwischen 21 und über 30 Kutschen. Sehr exakt dagegen kann man sagen, was Black Bart bei einzelnen Überfällen erbeutet hat. Für das zitierte Gedicht, das er nach einem Überfall auf die Kutsche von Quincy nach Oroville am 25. Juli 1878 in der Geldkiste hinterließ, kassierte er folgendes »Honorar«: 379 Dollar in Münzen, einen Diamantring im geschätzten Wert von 200 Dollar und eine silberne Uhr für 25 Dollar. Die Angaben stammen aus dem Haftbefehl gegen Black Bart.

Im Gegensatz zu den Zeitungen, die den skurrilen Humor des »Dichters« zu schätzen wußten, hielt die leidtragende Wells Fargo den Outlaw für eine ziemliche Landplage. Eine Quelle berichtet, die Gesellschaft habe versucht, sich mit Black Bart gütlich zu einigen und ihm eine monatliche Pension von 200 Dollar versprochen, wenn er die Überfälle einstelle.

Von anderer Seite wird dies bestritten, und in der Tat mutet ein solches Arrangement reichlich abenteuerlich an. Verbürgt jedenfalls ist, daß Wells Fargo die Pinkerton-Agentur einschaltete, um den lästigen Black Bart endlich loszuwerden.

Als der »Dichter« 1883 die Kutsche von Sonora nach Milton überfiel, machte er einen entscheidenden Fehler. Beim Öffnen der Kiste, in der sich 4800 Dollar befanden, verletzte er sich an der rechten Hand und umwickelte die Wunde mit einem Taschentuch. Unterdessen hatte sich ein zufällig vorbeikommender Reiter der Kutsche genähert und den Überfall bemerkt. Black Bart ergriff schleunigst die Flucht und hinterließ am Tatort diesmal kein Gedicht, sondern das Taschentuch mit dem Wäschereizeichen F.O.X.7.

In mühsamer Kleinarbeit machten Pinkerton-Detektive die Wäscherei ausfindig und stießen bald auf einen gewissen Charles E. Bolton, dem das Taschentuch gehörte. Damit war Black Bart überführt. Er war kein anderer als jener Mr. Charles E. Bolton, der allgemein als unbescholtener und harmloser Bürger gegolten hatte. Später beschrieb ihn ein Pinkerton-Detektiv als »würdig aussehenden Gentleman, der aufrecht wie ein Soldat ging und einen Spazierstock mit einem goldenen Knauf trug«.

Black Bart, alias der »Dichter«, alias Charles E. Bolton kam noch im selben Jahr 1883 vor Gericht und wurde zu einer hohen Gefängnisstrafe verurteilt. Während der Verhandlung stellte sich heraus, daß er aus Jefferson County im Bundesstaat New York stammte und mit seinen Eltern in den Westen gegangen war, als er gerade zehn Jahre alt war.

Über sein Ende weiß man nichts Genaues. Nach seiner Entlassung aus dem Gefängnis verliert sich jede Spur von Black Bart. Einige wollen ihn in Nevada gesehen haben, wo er einen friedlichen Lebensabend als Farmer verbracht habe.

Der »Dichter« weist unzweifelhaft die Züge eines Originals auf. Bei ihm bedurfte es kaum der üblichen liebevollen Übertreibungen und Ausschmückungen der Zeitgenossen, um ihm einen Ehrenplatz unter den bekannten Outlaws des Westens zu sichern. Aber sicher war auch Black Bart kein amerikanischer Robin Hood. Jedenfalls ist nie bekanntgeworden, daß er die Beute seiner Überfälle an die Armen verteilt hätte. Andererseits besitzt seine Geschichte tatsächlich komische Aspekte, die bei anderen Gesetzesbrechern, etwa dem »Richter« Roy Bean, erst nachträglich erfunden worden sind.

Der Mexikaner
Joaquin Murieta

Im Januar 1848 wurde am American River in Kalifornien Gold gefunden. John August Sutter, dem das Gebiet gehörte, versuchte vergeblich, den Fund geheimzuhalten. Angelockt durch die Möglichkeit, schnell und ziemlich mühelos reich zu werden, überfluteten Goldsucher in den nächsten Monaten seine Ländereien und zerstörten seinen Besitz.

Schnell gelangte die Kunde von dem neuen Dorado in den Osten. Am 28. Februar 1849 traf nach beschwerlicher Fahrt um Kap Hoorn der Dampfer »California« mit einer Ladung Goldsucher im Hafen von San Francisco ein. Andere gelangten auf dem Landweg quer durch den Kontinent nach Kalifornien. »Mining Camps« schossen zu Dutzenden aus dem Boden und wurden ebenso schnell wieder als Geisterstädte verlassen, wenn sich die Goldfunde als nicht reichhaltig genug erwiesen. Eines dieser Goldsucherlager hieß »Delirium Tremens«, ein anderes »Hell-out-for-noon-City«.

Man nannte sie die Forty-Niners, die Männer, die 1849 vom Goldrausch nach Kalifornien gelockt wurden. Es waren nicht nur Amerikaner dabei, sondern auch Schweden, Deutsche, Engländer, Polen und Russen.

Und Mexikaner. Sie waren die verachteten Außenseiter unter den Goldsuchern und wurden wegen ihrer Hautfarbe als »Dark Faces« (Dunkle Gesichter) beschimpft. Einen Mexikaner zu töten, galt bei vielen nicht als Verbrechen.

Einer der Mexikaner, die mit den Forty-Niners ins Land kamen, hieß Joaquin Murieta. Es heißt, er sei mit seiner jungen Frau nach Kalifornien gegangen, weil sich ihre Familie in Mexiko der Heirat widersetzt habe.

Wir wissen wenig über diesen Mann, der als Kaliforniens berüchtigtster Outlaw weniger in die Geschichte als in die Legende eingegangen ist. Über Murieta, den »Robin Hood of El Dorado«, sind viele rührselige Geschichten geschrieben worden, von denen die wenigsten einer ernsthaften Nachprüfung standhalten.

Nach der gängigsten Version wurden Murieta und seine Frau Rosita Carmel Feliz 1850 in einem Goldgräberlager von fünf weißen Goldsuchern überfallen. Sie schlugen Murieta nieder und vergewaltigten und ermordeten seine Frau. Vier Wochen später erschoß der Mexikaner die Mörder.

Als noch im gleichen Jahr sein Bruder unschuldig als Dieb verdächtigt und von einigen Amerikanern zu Tode mißhandelt wurde, schwor Murieta allen weißen Goldsuchern ewige Rache.

So jedenfalls will es die Legende. Aus dem friedlichen Mexikaner aus guter Familie wurde ein blutrünstiger Rächer, der die Beute seiner Raubzüge unter seinen Landsleuten verteilte.

Über den Wahrheitsgehalt dieser Geschichte kann man sich streiten. Tatsache ist immerhin, daß Murieta für die Mexikaner schon zu seinen Lebzeiten eine Symbolfigur wurde. In ihren Augen verkörperte er den Widerstand gegen die Unterdrükkung durch die weißen Amerikaner und ihre ausländerfeindlichen Gesetze.

Zwischen 1850 und 1853 verübte Murieta mit seiner Bande eine Vielzahl von Verbrechen. Wie viele Überfälle und Morde wirklich auf sein Konto gehen, ist ungewiß. Denn der Ruf Murietas wurde schließlich so groß, daß sich noch vier andere Banditen seinen Namen zulegten und unter dem Markenzeichen Murieta ihre Verbrechen begingen.

Gouverneur John Bigler setzte auf Murietas Ergreifung ein Kopfgeld von 1000 Dollar aus. Mit der Verfolgung des Banditen wurde der texanische Captain Harry Love beauftragt, der im Sommer 1853 eine großangelegte Jagd auf Murieta begann.

Am 25. Juli stieß Love mit seinen Leuten am Panoche-Paß auf sieben verdächtige Mexikaner, die an einem Lagerfeuer saßen. Die Kopfgeldjäger griffen sofort zu ihren Waffen und erschossen fünf der Mexikaner. Zwei nahmen sie gefangen. Unter den Toten befanden sich angeblich auch Joaquin Murieta und sein berüchtigter Gehilfe »Three Fingered Jack«.

Zum Beweis, daß sie den echten Murieta getötet hatten, schlugen Loves Männer der Leiche den Kopf ab und nahmen auch die verstümmelte Hand von »Three Fingered Jack« mit nach Sacramento, wo sie die Prämie kassierten. In Spiritus konserviert, wurden der Kopf des Banditen und die Hand seines Unterführers noch jahrelang öffentlich gezeigt.

Ob es tatsächlich Murieta war, den Love und seine Männer am Panoche-Paß erschossen, ist umstritten. Bald schon regten sich Zweifel an Murietas Tod. Eine Zeitung in San Francisco behauptete, daß nicht der »echte« Murieta, sondern einer seiner vier Doppelgänger, Joaquin Valenzuela, das Opfer des Überfalls gewesen sei. Wörtlich hieß es in dem Bericht: »Es ist nur gewiß,

1. *Jesse James*

2. *Frank James*

3. Bob Younger

4. Wyatt Earp

5. *Billy the Kid*

6. Pat Garrett

7. James Butler Hickok

8. Calamity Jane

9. Belle Starr und »Blaue Ente«

10. Pearl Hart

11. *Sam Bass*

12. *John Wesley Hardin*

13. *Roy Bean*

14. *Apache Kid*

15. Charles E. Bolton

16. Joaquin Murieta

daß der Mann, den Captain Loves Leute am Panoche-Paß töteten, nicht Joaquin Murieta ist. Das in Stockton ausgestellte Haupt zeigt keine Ähnlichkeit mit jenem Individuum. Das ist von Leuten ausdrücklich festgestellt worden, die sowohl den richtigen Murieta wie auch den unechten Kopf gesehen haben.«

Schon ein Jahr nach dem Tod des angeblichen Murieta erschien die erste phantasievolle Biographie, die den Outlaw zum romantischen Räuber stilisierte und den Grundstein aller späteren Murieta-Legenden legte: ›The Life and Adventures of Joaquin Murieta, Celebrated California Bandit‹ von John Rollin Ridge. Von späteren Groschenheftschreibern wurde Murieta unter anderem zum »Brigand Chief of California«, zum »Marauder of the Mines« und zum »Saddle King« befördert.

Man mag es seltsam finden, daß die Geschichte von Joaquin Murieta am Schluß steht und nicht am Anfang, wohin sie der chronologischen Reihenfolge nach gehören würde: Mit dem Goldrausch in Kalifornien begann die »klassische« Epoche der amerikanischen Outlaw-Geschichte. Und als Murieta (oder ein anderer Bandit) am Panoche-Paß erschossen wurde, war Jesse James gerade sechs Jahre alt und Billy the Kid noch nicht geboren.

Wir haben dennoch das Murieta-Kapitel an den Schluß gestellt. Denn eindrucksvoller als alle anderen kann es noch einmal die offenkundige Diskrepanz belegen, die häufig zwischen historischer Wirklichkeit und Legende herrscht: Von Murieta weiß man so gut wie nichts. Weder die Geschichte seines Lebens noch die seines Todes sind zuverlässig verbürgt. Weder ist bekannt, warum er zum Outlaw wurde, noch weiß man, ob er tatsächlich 1853 starb.

Trotzdem rankt sich um den sagenhaften »Robin Hood of El Dorado« eine Fülle von Legenden. Und jahrzehntelang schenkte man Ridges rührseliger Biographie Glauben, der Biographie eines Mannes, von dem kaum mehr bekannt ist als sein Name.

Der Premiere des ersten Jesse-James-Films wohnte eine Enkelin des legendären Outlaws als Ehrengast bei. Nach der Vorführung erklärte sie: »Der Mann auf der Leinwand ritt auf einem Pferd und wurde Jesse James genannt. Das waren wohl die einzigen Ähnlichkeiten mit meinem Großvater.«

Die vernichtende Kritik der James-Enkelin in bezug auf die historische Authentizität des Films läßt sich leicht auf die meisten einschlägigen Western übertragen. Mit der biographischen Wahrheit nahm man es in Hollywood nie sehr genau. Meist wurden Jesse James, Wyatt Earp, Billy the Kid, Wild Bill Hickok und die anderen berühmten Outlaws und Gunfighter als untadelige Helden präsentiert. Erst in den sechziger Jahren tauchten immer häufiger Filme auf, die eine kritische Analyse der Legenden versuchten.

Die Qualität der einzelnen Filme läßt sich freilich nicht an ihrer Wirklichkeitstreue ablesen. Viele der schönsten Western halten sich an die Legende ihrer Helden und nicht an die historische Wirklichkeit. In Filmen wie John Fords Wyatt-Earp-Opus ›My Darling Clementine‹ ersteht das mythologisch verklärte Bild einer versunkenen Epoche: der Traum vom Westen.

Die meisten Gunfighter-Western folgen den »offiziellen« Biographien wie Stuart N. Lakes ›Wyatt Earp: Frontier Marshal‹, häufig auch zeitgenössischen Dime Novels.

In unserer Zusammenstellung bleiben die mehrteiligen »Serials« und Fernseh-Fortsetzungsserien unberücksichtigt. Andererseits wird eine Reihe von Filmen erwähnt, die in Deutschland nicht zu sehen waren (deutsche Verleihtitel in Klammern unter dem Originaltitel).

11mal Wyatt Earp

1932 ›Law and Order‹ (Regie: Edward L. Cahn)
Wyatt Earp: Walter Huston
1934 ›Frontier Marshal‹ (Regie: Lewis Seiler)
Wyatt Earp: George O'Brian
1939 ›Frontier Marshal‹ (Regie: Allan Dwan)
Wyatt Earp: Randolph Scott; Doc Holliday: Cesar Romero

1939 ›Dodge City‹
(Herr des Wilden Westens; Regie: Michael Curtiz)
(Wyatt Earp: Errol Flynn
1942 ›Tombstone the Town too Tough to Die‹
(Regie: William MacGann)
Wyatt Earp: Richard Dix; Doc Holliday: Kent Taylor
1946 ›My Darling Clementine‹
(Tombstone; Regie: John Ford)
Wyatt Earp: Henry Fonda; Doc Holliday: Victor Mature
1955 ›Wichita‹
(Wichita; Regie: Jacques Tourneur)
Wyatt Earp: Joel McCrea
1957 ›Gunfight at the O.-K.-Corral‹
(Zwei rechnen ab; Regie: John Sturges)
Wyatt Earp: Burt Lancaster; Doc Holliday: Kirk Douglas
1964 ›Cheyenne Autumn‹
(Cheyenne; Regie: John Ford
Wyatt Earp: James Stewart;
Doc Holliday: Arthur Kennedy
1967 ›Hour of the Gun‹
(Die fünf Geächteten; Regie: John Sturges)
Wyatt Earp: James Garner; Doc Holliday: Jason Robards
1971 ›Doc‹
(Doc; Regie: Frank Perry)
Wyatt Earp: Harris Yulin; Doc Holliday: Stacy Keach

Frank Perrys ›Doc‹ setzt konsequent die Entmythologisierung des Gunfighter-Teams Earp/Holliday fort, die mit Sturges' ›Hour of the Gun‹ erst sehr spät einsetzte. In ›Doc‹ erscheint Wyatt Earp als sadistischer Homosexueller, Holliday als resignierender Todkranker. Filmisch allerdings ist dieses verquälte Psychogramm weniger gelungen als die klassischen Earp-Filme von Allan Dwan, John Ford und John Sturges, in denen der zwielichtige Revolvermann noch zum strahlenden Bilderbuchhelden verklärt wurde. Bezeichnend erscheint, daß sich viele populäre Stars von Randolph Scott bis Burt Lancaster als Earp zeigten. Kein anderer unserer Helden wurde von so vielen Top-Stars gespielt.

Aus dem Rahmen des üblichen Earp-Bildes fällt neben den Filmen von Sturges und Perry auch die kurze Episode in Fords ›Cheyenne Autumn‹, in der Earp und Holliday als phlegmatische alternde Glücksspieler gezeigt werden.

19mal Jesse James

1927 ›Jesse James‹ (Regie: Lloyd Ingraham)
Jesse James: Fred Thomson
1939 ›Jesse James‹
(Jesse James; Regie: Henry King)
Jesse James: Tyrone Power; Frank James: Henry Fonda
1939 ›Days of Jesse James‹ (Regie: Joe Kane)
Jesse James: Roy Rodgers
1941 ›Jesse James at Bay‹ (Regie: Joe Kane)
Jesse James: Roy Rodgers
1941 ›Bad Men of Missouri‹
(Die Rächer von Missouri; Regie: Ray Enright)
Jesse James: Alan Baxter
1946 ›Badman's Territory‹
(Land der Banditen; Regie: Tim Whelan)
Jesse James: Lawrence Tierney; Frank James: Tom Tyler
1949 ›I Shot Jesse James‹
(Ich erschoß Jesse James; Regie: Samuel Fuller)
Jesse James: Reed Hadley; Frank James: Tom Tyler
1949 ›Fighting Man of the Plains‹
(Die Stadt der rauhen Männer; Regie: Edward L. Marin)
Jesse James: Dale Robertson
1950 ›Kansas Raiders‹
(Reiter ohne Gnade; Regie: Ray Enright)
Jesse James: Audie Murphy; Frank James: Richard Long
1951 ›The Great Missouri Raid‹
(In Rache vereint; Regie: Gordon Douglas)
Jesse James: MacDonald Carey;
Frank James: Wendell Corey
1951 ›Best of the Badmen‹
(Der Rächer; Regie: William G. Russel)
Jesse James: Lawrence Tierney; Frank James: Tom Tyler
1953 ›The Woman they Almost Lynched‹
(Am Tode vorbei; Regie: Allan Dwan)
Jesse James: Ben Cooper; Frank James: James Brown
1953 ›The Great Jesse James Raid‹ (Regie: Reginald LeBorg)
Jesse James: Willard Parker
1954 ›Jesse James' Women‹
(Kopfgeld 20000 Dollar; Regie: Donald Barry)
Jesse James: Donald Barry;
Frank James: Jack Buetel

1956 ›The True Story of Jesse James‹
(Rächer der Enterbten; Regie: Nicholas Ray)
Jesse James: Robert Wagner; Frank James: Jeffrey Hunter
1957 ›Hell's Crossroad‹
(Ich ritt für Jesse James; Regie: Franklin Adreon)
Jesse James: Henry Brandon;
Frank James: Douglas Kennedy
1959 ›Alias Jesse James‹
(Ein Schuß und fünfzig Tote; Regie: Norman Z. McLeod)
Jesse James: Wendell Corey; Frank James: Jim Davis
1960 ›Young Jesse James‹ (Regie: William F. Claxton)
Jesse James: Ray Stricklyn; Frank James: Robert Dix
1971 ›The Great Northfield Minnesota Raid‹
(Der große Minnesota-Überfall; Regie: Philip Kaufman)
Jesse James: Robert Duvall; Cole Younger: Cliff Robertson

Den schönsten Film über Jesse James drehte Nicholas Ray 1956 mit ›The True Story of Jesse James‹. Aber auch dieser Film zeigt nicht »die wahre Geschichte«, sondern präsentiert den Outlaw im Stil von James Dean als »Rebellen ohne Sache«. Eine realistische, geschichtsbezogene Interpretation versucht Philip Kaufman im vorerst letzten James-Film.

Eher parodistische Züge weisen ›Jesse James' Women‹ und ›Alias Jesse James‹ auf.

Frank James steht nur im Mittelpunkt eines Films: ›The Return of Frank James‹ (Rache für Jesse James, 1940) von Fritz Lang. Wie in dem ein Jahr vorher gedrehten ›Jesse James‹ von Henry King spielt Henry Fonda die Rolle von Frank. Der vielseitigste James-Schauspieler ist Wendell Corey: 1951 spielte er Frank, 1959 Jesse.

13mal Billy the Kid

1930 ›Billy the Kid‹ (Regie: King Vidor)
Billy: Johnny Mack Brown; Pat Garrett: Wallace Beery
1938 ›Billy the Kid Returns‹ (Regie: Joe Kane)
Billy: Roy Rodgers
1940 ›Billy the Kid in Texas‹
(Regie: Peter Stewart)
Billy: Bob Steele

1940 ›Billy the Kid‹
(Der letzte Bandit; Regie: David Miller)
Billy: Robert Taylor

1943 ›The Outlaw‹
(Geächtet; Regie: Howard Hughes)
Billy: Jack Buetel; Pat Garrett: Thomas Mitchell

1949 ›The Kid from Texas‹
(Verfemt; Regie: Kurt Neumann)
Billy: Audie Murphy; Pat Garrett: Frank Wilcox

1950 ›I Shot Billy the Kid‹
(Billy, der Bandit; Regie: William Berke)
Billy: Don Barry; Pat Garrett: Robert Lowery

1954 ›The Boy from Oklahoma‹ (Regie: Michael Curtiz)
Billy: Tyler McDuff

1954 ›The Law VS. Billy the Kid‹
(Verdammt ohne Gnade; Regie: William Castle)
Billy: Scott Brady; Pat Garrett: James Griffith

1957 ›The Pearson and the Outlaw‹
(Mit dem Colt unterm Kissen; Regie: Oliver Drake)
Billy: Anthony Dexter

1958 ›The Left Handed Gun‹
(Billy the Kid; Regie: Arthur Penn)
Billy: Paul Newman; Pat Garrett: John Dehner

1970 ›Chisum‹
(Chisum; Regie: Andrew V. McLaglen)
Billy: Geoffrey Deuel; Pat Garrett: Glenn Corbett;
John Chisum: John Wayne

1973 ›Pat Garrett and Billy the Kid‹ (Regie: Sam Peckinpah)
Billy: Kris Kristoffersen; Pat Garrett: James Coburn

Die interessantesten Versionen lieferten Howard Hughes (›The Outlaw‹) und Arthur Penn (›The Left Handed Gun‹). In ›The Outlaw‹ überlebt Billy den Anschlag von Pat Garrett, macht diesen lächerlich und verschwindet schließlich auf Nimmerwiedersehen.

Der Film von Penn ist stark psychologisierend, hält sich aber auch nicht an die historischen Tatsachen.

17mal Wild Bill Hickok

1922 ›Wild Bill Hickok‹ (Regie: William S. Hart)
Wild Bill: William S. Hart
1924 ›The Iron Horse‹
(Regie: John Ford)
Wild Bill: John Padjan
1926 ›The Last Frontier‹ (Regie: George B. Seitz)
Wild Bill: J. Farrell McDonald
1936 ›The Plainsman‹
(Der Held der Prärie; Regie: Cecil B. de Mille)
Wild Bill: Gary Cooper
1940 ›Young Bill Hickok‹ (Regie: Joe Kane)
Wild Bill: Roy Rodgers
1940 ›The Return of Wild Bill‹ (Regie: Joseph H. Lewis)
Wild Bill: Gordon »Wild Bill« Elliott
1940 ›Badlands of Dakota‹ (Regie: Alfred E. Green)
Wild Bill: Richard Dix
1942 ›Wild Bill Hickok Rides‹
(Der wilde Bill; Regie: Ray Enright)
Wild Bill: Bruce Cabot
1950 ›Dallas‹
(Todfeindschaft; Regie: Stuart Heisler)
Wild Bill: Reed Hadley
1953 ›The Lawless Breed‹
(Gefährliches Blut; Regie: Raoul Walsh)
Wild Bill: Bob Anderson
1953 ›Son of the Renegade‹ (Regie: Reginald Brown)
Wild Bill: Ewing Brown
1953 ›Jack McCall Desperado‹
(Der letzte Trumpf; Regie: Sidney Salkow)
Wild Bill: Douglas Kennedy
1953 ›Pony Express‹
(Pony Expreß; Regie: Jerry Hopper)
Wild Bill: Forrest Tucker
1953 ›Calamity Jane‹
(Schwere Colts in zarter Hand; Regie: David Butler)
Wild Bill: Howard Keel; Calamity Jane: Doris Day
1956 ›I Killed Wild Bill Hickok‹ (Regie: Richard Talmadge)
Wild Bill: Tom Brown

1964 ›The Raiders‹
(Die rauhen Reiter von Texas; Regie: Herschel Daugherty)
Wild Bill: Robert Culp
1966 ›The Plainsman‹ (Regie: David Lowell Rich)
Wild Bill: Don Murray

Der beste Wild-Bill-Hickok-Film ist immer noch de Milles ›The Plainsman‹ (1936). Eine Musical-Version der Romanze zwischen Calamity Jane und Wild Bill in Deadwood bietet ›Calamity Jane‹ mit Doris Day als eindrucksvoller Fehlbesetzung.

Keiner der 17 Filme hält sich an die historische Wirklichkeit.

3mal Sam Bass

1946 ›Badman's Territory‹
(Land der Banditen; Regie: Tim Whelan)
Sam Bass: Nestor Paiva
1949 ›Calamity Jane und Sam Bass‹
(Rebellen der Steppe; Regie: George Sherman)
Sam Bass: Howard Duff; Calamity Jane: Yvonne de Carlo
1951 ›The Texas Rangers‹
(Grenzpolizei in Texas; Regie: Phil Karlson)
Sam Bass: William Bishop

Calamity Jane und Sam Bass sind sich nie begegnet, ebensowenig wie Sam Bass und Jesse James, der in ›Badman's Territory‹ im Mittelpunkt steht. Alle drei Filme sind unwichtig.

Die anderen Outlaws und Revolvermänner dieses Buches tauchen nur gelegentlich in Filmen auf. Im folgenden werden die wichtigsten Werke genannt.

Murieta

1936 ›Robin Hood of El Dorado‹ (Regie: William A. Wellman)
Murieta: Warner Baxter
1965 ›Murieta‹ (Regie: George Sherman)
Murieta: Jeffrey Hunter

Wellmans berühmter Murieta-Film folgt weitgehend der Darstellung von John Rollin Ridge.

Black Bart

1948 ›Black Bart‹
(Die schwarze Maske; Regie: George Sherman)
Black Bart: Dan Duryea

Roy Bean

1940 ›The Westerner‹
(Der Westerner; Regie: William Wyler)
Roy Bean: Walter Brennan; Carlos Robles: Gary Cooper
1972 ›The Life and Times of Judge Roy Bean‹
(Regie: John Huston)
Roy Bean: Paul Newman; Lily Langtry: Ava Gardner

Hustons Film ist ein Produkt der Nostalgie-Welle und erzählt in episodischer Form die Ereignisse »nicht wie sie waren, sondern wie sie hätten sein sollen« (Vorspann-Text). Um historische Authentizität geht es also ebensowenig wie in dem schönen alten Film von Wyler.

Belle Starr

1941 ›Belle Starr‹ (Regie: Irving Cummings)
Belle Starr: Gene Tierney
1946 ›Badman's Territory‹
(Land der Banditen; Regie: Tim Whelan)
Belle Starr: Isabel Jewell
1948 ›Montana Belle‹
(Die Schönste von Montana; Regie: Allan Dwan)
Belle Starr: Jane Russell

Apache Kid

1941 ›The Apache Kid‹ (Regie: George Sherman)

Die Daltons ritten relativ häufig über die Leinwand, hauptsächlich in bereits aufgeführten Filmen: ›Badman's Territory‹, ›Montana Belle‹. Emmett Daltons Autobiographie ›When the Daltons rode‹ (Die Bande der fünf) wurde 1940 von George Marshal verfilmt. Zuletzt tauchen die Brüder als Comic-Strip-Figuren in der belgischen Zeichentrick-Parodie ›Lucky Luke‹ (1972) der ›Asterix‹-Schöpfer Goscinny & Morris auf.

Cattle Town	Wörtlich: Vieh-Stadt. Übliche Bezeichnung für die Zentren des Viehhandels, zum Beispiel Abilene, Wichita und Dodge City in Kansas. Gelegentlich werden diese Städte auch als Cow Towns bezeichnet.
Colt	Nach Samuel Colt benannter sechsschüssiger Revolver, der erstmals 1839 in Texas in Gebrauch kam. Der Colt, ironisch auch »Peacemaker« (Friedensstifter) genannt, revolutionierte das Waffenwesen. In größerer Zahl tauchten Colt-Revolver erst Anfang der fünfziger Jahre auf.
Corral	Gehege, Koppel
County	Distrikt, Bezirk. Entspricht etwa dem deutschen »Kreis«.
Desperado	Von lateinisch: »desperatus« = verzweifelt, hoffnungslos. Wird gewöhnlich im gleichen Sinn wie »Outlaw« gebraucht.
Deputy	Wörtlich: Stellvertreter. Deputy-Sheriff = Hilfssheriff
Dime Novels	Populäre Groschenhefte, die in der zweiten Hälfte des 19. Jahrhunderts stark zur Legendenbildung des Wilden Westens beitrugen. Bekannte Dime-Novel-Helden waren Deadwood Dick und Ned Buntline's Buffalo Bill.
Forty-Niners	Wörtlich: Neunundvierziger. Bezeichnung für die Männer, die 1849 mit dem Goldrausch nach Kalifornien kamen.
Frontier	Wörtlich: Grenze. Offizielle Bezeichnung der immer weiter nach Westen wandernden Grenzregion zwischen Zivilisation und Wildnis. Definiert wurden »Frontier«-Gebiete durch eine Bewohnerzahl zwischen zwei und sechs pro Quadratmeile.
Gang	Bande
G. T. T.	Abkürzung von »gone to Texas« (nach Texas gegangen). Populäre Bezeichnung für die Flucht eines gesuchten Verbrechers nach Texas.

Guerilla Aus dem Spanischen: Bewaffnete Banden der einheimischen Bevölkerung. Im amerikanischen Westen wurde Quantrills Guerilla-Bande aus Missouri am bekanntesten. Ihr gehörten während des Bürgerkriegs die Brüder James an.

Gun Crazy Wörtlich: waffenbesessen. Bezeichnet die neurotische Schießlust vieler bekannter Revolvermänner. »Gun Crazy« waren etwa Wes Hardin und Wild Bill Hickok.

Gunfighter Übliche Bezeichnung für die Revolvermänner, nicht zu verwechseln mit »Outlaw«. Einige berühmte Gunfighter oder Gunmen standen auf der Seite des Gesetzes, wie etwa Bat Masterson.

Gunplay Nach festgelegten Regeln ausgetragenes Revolverduell

Longhorns Populäre Bezeichnung für Texasvieh, das auffallend lange Hörner hat.

Marshal US-Marshals sind vom Präsidenten ernannte Polizeibeamte für juristische Distrikte. Bürgerschaften ernannten sich in Zeiten der Gefahr Town-Marshals zum Schutz der Städte.

Mining Camp Bergbau-Lager. Mining Camps entstanden und verschwanden sehr rasch, je nachdem, wie reichhaltig die Bodenschätze am Ort waren. Viele sind als Ghost Towns (Geisterstädte) heute noch zu besichtigen.

Necktie Justice Wörtlich: Halsbinden-Justiz. Populärer Ausdruck für die Praxis mancher Richter, möglichst viele Angeklagte aufhängen zu lassen. Besonders Roy Bean und Isaac Parker waren für ihre Necktie Justice berüchtigt.

Outlaw Wörtlich: außerhalb des Gesetzes. Gebräuchlichste Bezeichnung für die Verbrecher des Westens.

Pinkerton Von Allan Pinkerton 1850 gegründetes Detektivbüro von legendärem Ruf. Wahlspruch: »We never sleep« (Wir schlafen niemals). Pinkerton-Detektiven fielen zahlreiche prominente Outlaws zum Opfer, so »Black Bart«. Vorläufer des FBI.

Posse	Vom Sheriff zusammengestelltes Aufgebot zur Verfolgung flüchtiger Verbrecher.
Plaza	Spanisch: Platz.
Riata	Aus dem Spanischen: Seil. Wurde von den Cowboys statt des Wortes »Lasso« verwendet, das nicht gebräuchlich war.
Saloon	Kneipe
Scout	Kundschafter
Sheriff	Von den Bürgern gewählter Polizeibeamter.
Showdown	Revolverkampf Mann gegen Mann.
Six-Shooter	Populäre Bezeichnung für die von Colt und Walker erfundenen sechsschüssigen Revolver. Scherzhaft auch als »Colonel Colt's Equalizer« (Colonel Colts Gleichmacher) bezeichnet: die Six-Shooter waren im Vergleich mit früheren Waffen so einfach zu bedienen, daß jeder mit ihnen umgehen konnte.
Squatter	Siedler
Supreme Court	Der oberste Gerichtshof der Vereinigten Staaten.
Texas Rangers	1835 während der texanischen Revolution gegründete berittene Spezialtruppe. Zunächst gegen Indianer und Mexikaner eingesetzt, entwickelten sich die Texas Rangers nach dem Bürgerkrieg zu einer wirksamen Verbrechensbekämpfungs-Organisation. Texas Rangers brachten etwa Sam Bass und Wes Hardin zur Strecke.
Trail	Wörtlich: Weg, Pfad. Bezeichnung für die großen Routen, etwa Santa Fé Trail oder Chisholm Trail.
Vigilantes	Aus dem Spanischen. Wörtlich: die Wachsamen. Freiwillige Bürgerselbstschutz-Organisationen gegen das Verbrechertum. Bekannt wurden etwa die mit drakonischer Härte vorgehenden Vigilantes von Montana unter der Führung von X. Beidler.
Wells Fargo	Eigentlich: Wells & Fargo and Company. Transkontinentales Postkutschen-Unternehmen.

Literaturverzeichnis

In dieser Zusammenstellung sind nur solche Werke berücksichtigt, die sich mit Problemen der »Frontier« im 19. Jahrhundert, speziell mit Outlaws, Gunmen und Cowboys, beschäftigen. Allgemeine Werke zur amerikanischen Geschichte werden nicht aufgeführt.

Billington, Ray Allen: Westward Expansion. A History of the American Frontier, New York, 1960.

Botkin, B. A. (ed.): A Treasury of American Folklore, New York, 1944.

Botkin, B. A. (ed.): A Treasury of Western Folklore, New York, 1951.

Breakenridge, W. M.: Helldorado, New York, 1928.

Burns, Walter Noble: Tombstone, New York, 1929.

Croy, Homer: He hanged them High, New York, 1952.

Cunningham, Eugene: Triggernometry, New York, 1934.

Custer, George A.: My Life on the Plains, New York, 1874.

Dalton, Emmett: When the Daltons rode, New York, 1931.

Dykstra, Robert R.: The Cattle Towns, Norman, 1968.

Gard, Wayne: Sam Bass, Boston, 1936.

Garrett, Patrick F.: The Authentic Life of Billy the Kid, New Edition. Norman, 1954.

Garst, Shannon und Warren: Wild Bill Hickok, New York, 1952.

Greever, William S.: The Bonanza West, Norman, 1963.

Hardin, John Wesley: The Life of . . ., New Edition. Norman, 1961.

Hentig, Hans von: Der Desperado, Berlin/Göttingen/Heidelberg, 1956.

Horan, James D.: Desperate Men, New York, 1949.

Horan, James D./Sann, Paul: Pictorial History of the Wild West, London, 1954.

Hungerford, Edward: Wells Fargo, New York, 1949.

Jackson, Joseph H.: Bad Company, New York, 1939.

Keleher, William A.: The Fabulous Frontier, Santa Fé, 1945.

Lake, Stuart N.: Wyatt Earp: Frontier Marshal, Boston, 1931.

Lloyd, Everett: Law West of the Pecos, San Antonio, 1936.

McCoy, Joseph G.: Historical Scetches of the Cattle Trade..., Kansas City, 1874.
Miller, Joseph (ed.): The Arizona Story, New York, 1952.
Mittler, Max: Eroberung eines Kontinents, Zürich, 1968.
Monaghan, Jay: Civil War on the Western Border, Toronto, 1955.
Otero, Miguel A.: The Real Billy the Kid, New York, 1936.
Paul, Roman W.: Mining Frontiers of the Far West, New York, 1963.
Paxson, Frederick L.: History of the American Frontier, Cambridge, Mass., 1924.
Poe, John W.: The Death of Billy the Kid, Boston, 1933.
Raine, William MacLeod: Famous Sheriffs and Western Outlaws, New York, 1929.
Riegel, Robert E.: America moves West, New York, 1930.
Ripley, Thomas: They died with their Boots on, New York, 1935.
Rosa, Joseph G.: They called him Wild Bill, Norman, 1964.
The Gunfighter – Man or Myth, Norman, 1968.
Siringo, Charles A.: Riata and Spurs, Boston, 1927.
Smith, Henry Nash: Virgin Land, Cambridge, Mass., 1950.
Sonnichsen, C. L.: Roy Bean, New York, 1943.
Tilghman, Zoe A.: Marshal of the Last Frontier, Glendale, 1949.
Turner, Fredrick Jackson: The Frontier in American History, New York, 1931.
Vestal, Stanley: Queen of Cowtowns: Dodge City, New York, 1952.
Webb, Walter Prescott: The Great Plains, Boston, 1931.
– The Texas Rangers, Boston, 1935.
Wellman, Paul I.: Glory, God and Gold, New York, 1954.
Wyllys, Rufus Kay: Arizona, Phoenix, 1951.

Ein Plädoyer für die Legenden
Nachwort von Samuel Fuller

Deutsch von Hans C. Blumenberg

Samuel Fuller, Jahrgang 1912, gehört zu den profiliertesten Autoren und Regisseuren des amerikanischen Films. Mit 17 war er der jüngste Kriminalreporter der USA, mit 23 schrieb er seinen ersten Roman, ›Burn Baby Burn‹. Im Zweiten Weltkrieg nahm er als Mitglied der berühmten ersten Infanterie-Division (The Big Red One) an der Invasion in der Normandie teil und gehörte zu den ersten amerikanischen Soldaten, die Deutschland besetzten. Seit 1949 hat er 19 Filme geschrieben und inszeniert, zuletzt ›Tote Taube in der Beethoven Straße‹ 1972 in der Bundesrepublik. Zu seinen besten Filmen gehören die Western ›Run of the Arrow‹ (Hölle der tausend Martern, 1956) mit Rod Steiger und ›Forty Guns‹ (1957) mit Barbara Stanwyck, die Kriminalfilme ›Pickup on South Street‹ (Polizei greift ein, 1952) mit Richard Widmark und ›Underworld USA‹ (Alles auf eine Karte, 1960) mit Cliff Robertson sowie der Kriegsfilm ›Merrill's Marauders‹ (Durchbruch auf Befehl, 1961) mit Jeff Chandler. Fullers zentrales Thema ist die Gewalt; wie schon sein erster Film ›I Shot Jesse James‹ (Ich erschoß Jesse James, 1949), in dem er die Geschichte des James-Mörders Bob Ford erzählt, handeln auch seine übrigen Filme von den Möglichkeiten zum Überleben in einer gewalttätigen Gesellschaft. Fuller gehört zu den besten Kennern der amerikanischen Pionier-Geschichte und ihrer Legenden.

Seit Ödipus sind alle Menschen Geschöpfe von Mythen. Alte Legenden sterben nie aus, weil jede neue Generation sie mit frischem Zugriff wieder aufleben läßt. Sie machen die menschliche Psyche aus. Sie machen die Welt aus. Sie beflügeln die Einbildungskraft der Jungen, den Neid der Gesetzten, das Bedauern der Alten.

Mythos und Legende unterscheiden sich dadurch, daß Mythen von übernatürlichen Wesen handeln, Legenden aber von Menschen, nicht von allen Menschen natürlich, sondern nur von ganz besonderen. Und wenn es um die Helden und Bösewichter des alten Westens geht, dann ist es schwierig, Mythos und Legende voneinander zu trennen, ebenso schwierig wie die Unterscheidung von Legende und Wirklichkeit.

Mythen sind öffentliche Träume.

Legenden sind geheime Träume.

Was hat man noch, wenn man den Westen seiner Legende beraubt? Man hat trostlose Wüste. Wackelige Holzhäuser. Schmutzige Straßen. Stinkende Ställe. Verzweifelte Krämer, die farblose Kunden belügen. Religiöse Eiferer, die furchtsame Heuchler in übelriechenden, schlecht beleuchteten Bethäusern belügen. Häßliche, kranke, diebische Huren, die ungewaschene, kranke Kunden belügen. Und dann sind da noch die zweifelhaften Spitzen der Bürgerschaft, denen die Läden, Bestattungsunternehmen und Verpflegungsdepots gehören. Die sind scharf darauf, Vigilanten-Truppen zu bilden und die Bösen zu fangen und aufzuhängen. Und warum? Etwa, um das Recht zu schützen? Von wegen; um ihre Investitionen zu schützen.

Die Mythen oder Legenden des alten Westens sind nicht nur Teil der amerikanischen Folklore, sie sind eine Notwendigkeit. Sie sind unsere Kultur, unsere einzige Erinnerung, unser Lebensblut, das wir brauchen, um den Funken des Abenteuers am Leben zu erhalten.

Wir haben Mythos und Legende vermischt, so daß Jesse James nicht nur wie Prometheus das Feuer vom Olymp stahl und es den Menschen gab, sondern auch Geld stahl und es sich selbst gab. Beide Handlungen symbolisieren eine bestimmte Anstrengung: den übernatürlichen Akt, das Unmögliche gegen alle Hindernisse zu vollbringen.

Mythen sind Bildergeschichten. Die Figuren des alten Westens sind menschliche Mythen. Und deshalb sind sie zu Legenden geworden.

Man kann sich fragen, ob es unehrenhaft ist, die Wahrheit über die Gunfighter mit den Lügen von Mythos und Legende zu verschleiern. Ich glaube, nicht. Achilles war ein Symbol, aber der trojanische Krieg war eine Tatsache. In Hans Blumenbergs ›Wanted‹ findet man die Erklärung, wie durch die Mischung von beidem die Desperados vor Hundert Jahren in Amerika zu Helden wurden.

Wenn ein Gunfighter – egal, aus welchen Gründen, gegen welche Widerstände, ohne Rücksicht auch auf oberflächliche kleinliche Tatsachen – wenn er einen übermenschlichen Revolverkampf besteht, dann geht das zuerst als Klatsch von Mund zu Mund, dann als Geschichte am Biertisch, dann als Mythos, dann als Wunder und schließlich als Legende. Wir alle besitzen die Fähigkeit, die Mythen am Leben zu erhalten: am Lagerfeuer ebenso wie in der Bar oder im Bett, in Taschenbüchern ebenso wie in schön gebundenen Bildbänden, in Balladen oder in Filmen oder auf der Bühne.

Wir alle haben ständig das Bedürfnis nach neuen Mythen, aber auch eine natürliche Anhänglichkeit an die alten. Wir werden sie nie über Bord werfen, niemals. Im Gegenteil. Wir kehren immer wieder zu ihnen zurück, graben sie aus, wenden sie um, fügen hinzu, verdrehen sie. Auf der Suche nach einer idealen Lebensweise, weit entfernt von unserer üblichen langweiligen Existenz, lassen wir uns von den Legenden leiten. Wir wollen ihnen glauben. Wir müssen ihnen glauben. Wir selbst haben allzu wenig zu den Legenden unserer Vergangenheit beigetragen.

Quantrill, der Guerilla-Führer in der Südstaaten-Armee, der mit seiner Bande 1861 und 1862 in Kansas und Missouri operierte, galt manchen als Held, anderen als plündernder Bastard. Dennoch ist auch er zu einem Mythos geworden, zu einer farbigen Legende, die selbst jene fasziniert, die seine Massaker, seine Überfälle und alles, wofür dieser Name steht, verabscheuen.

Jesse James, der damals nicht älter als 13 oder 14 war, wurde von Quantrill als Lockvogel eingesetzt. Jesse hatte das Gesicht eines Mädchens. Und er zog sich an wie ein Mädchen und wurde eine der Huren im Freudenhaus. Er half mit, zwölf betrunkene Nordstaaten-Soldaten in das Bordell zu locken, verführte sie zu roher Liebe und lockte sie in eine Falle. Im vereinbarten Moment riß er die Tür auf, und Quantrills Guerillas brachen herein und erschossen die zwölf betrunkenen nackten Soldaten.

Hört sich so die Geschichte eines Desperados an? Dabei war dies nur der Anfang. Sie klingt eher wie eine altbackene Agentengeschichte, aber dennoch ist sie wahr. Für die Guerillas war Jesse James der jugendliche Held des Tages. Man kann sich vorstellen, wie sie ihm intime Fragen nach den Zärtlichkeiten der Soldaten stellten. Man kann sich sogar den Klang ihres Gelächters vorstellen.

Als Quantrills Guerillas bei dem Massaker von Lawrence zweihundert unschuldige Bürger töteten, gab es einen Aufschrei der Empörung gegen die Marodeure. Aber in der Legende war dies ein heroischer Akt. In den Augen der Guerillas und jener, die über sie Balladen und Geschichten schrieben, zerstörten sie Lawrence aus Rache für die Greueltaten von Nordstaaten-Soldaten, die Häuser geplündert und verbrannt, alte Frauen und Männer getötet hatten.

Selbst wenn sie geschehen sind, sind die Taten dieser Soldaten längst vergessen. Nicht aber die Taten der Guerillas. Und warum? Weil sie automatisch außerhalb des Gesetzes operierten. Sie besaßen alles, was eine Legende ausmacht. Sie lebten gefährlich. Sie wurden gejagt. Sie waren Banditen. Aber heute gelten sie als Helden, die eine Übeltat von uniformierten Yankee-Soldaten rächten.

All das geschah im Jahr 1863.

Es ist schwierig, hundert Jahre später Wahrheit und Lüge, Tatsachen und Dichtung voneinander zu trennen. Übriggeblieben aber ist der Mythos von Quantrill, dem Retter des Südens. Und der Mythos seines jungen schönen Lockvogels, der als Mädchen verkleidet war: der größte Bandit aller Zeiten, der am meisten gesuchte Mann der Epoche. Jesse James.

Es ist eine verbürgte Tatsache, daß der erste waghalsige Zugüberfall von Frank und Jesse James einem Hospital-Zug galt; es ist bekannt, daß sie hilflose verwundete Yankee-Soldaten abschlachteten und ihnen dabei kaum mehr raubten als einen würdevollen Tod. Aber das alles ist heute nicht wichtig, weil die Wahrheit immer widerwärtig ist.

Doch der rein physische Akt, einen Zug mit Revolvern anzuhalten, ist aufregend und wird es immer bleiben. Auf Soldaten zu schießen, ganz egal, auf welcher Seite sie kämpfen, ist heroisch und gefährlich. Denn seitdem es Legenden gibt, hat uns immer der Kampf gegen das Gesetz fasziniert. Warum? Weil in uns allen ein wenig dieses Anti-Gesetz-Gefühl steckt, ganz egal, wie sehr wir das abstreiten mögen, ganz egal, wo wir stehen, ganz egal, wie beleidigt wir wären, wenn man uns solcher Gedanken beschuldigen würde.

Jesse James als Robin Hood: Dieses Etikett wird nie aussterben, und zwar deshalb, weil wir die Legende lieben. Sie erklärt den Mann, sie entschuldigt seine Verbrechen, sie gibt uns ein gutes Gefühl. Wir fragen nicht nach ihrer Authentizität, wir wollen nicht danach fragen. Wir leben in einer Scheinwelt und niemand soll uns dieses geheimen Universums berauben.

Und deshalb glauben wir nicht nur an die Legende, sondern schmücken sie aus, übertreiben, zeigen sogar Panik, wenn irgendein entmythologisierender Künstler uns die Wahrheit über unsere Legenden erzählen will. Sie sind Idole. Wir können sie nicht fallenlassen. Denn wenn sie fallen, fallen auch wir.

Wir zweifeln nicht an der Authentizität der griechischen und römischen Mythen. Warum also sollte irgendjemand an der Authentizität der Gunfighter des Westens zweifeln, an ihrem Mut und ihrer Geschicklichkeit im Umgang mit Waffen?

Geschicklichkeit im Umgang mit Waffen? Vergessen wir, daß die Revolver in jenen Tagen unzulänglich waren, so unzulänglich wie die Kugeln und das Visier. Vergessen wir auch die Tatsache, daß die einzige Überlebenschance darin bestand, entweder den Gegner von hinten zu erschießen oder ihn von sechs Freunden mit versteckten Gewehren aus dem Hinterhalt umlegen zu lassen! Das sind die Tatsachen, und insofern sind sie eine Enttäuschung. Sie zerstören die Träume. Und wichtiger noch: Sie sind kein gutes Material für Geschichten. Sie rauben uns die Illusionen. Sie sind nicht aufregend genug, um wiederholt, dramatisiert oder reflektiert zu werden.

Als die James-Younger-Bande 1876 in Northfield, Minnesota, die Bank beraubte, gab es den erwarteten Aufschrei gegen die gesuchten mordenden Verbrecher. Cole, Jim und Bob Younger wurden gefaßt und zu Gefängnisstrafen verurteilt. Die Brüder James entkamen.

Doch selten wurde je erwähnt, aufgeschrieben oder dramatisiert, daß die Räuber Clel Miller und Bill Chadwell während des Überfalls erschossen wurden, daß Charlie Pitts kurz darauf getötet wurde oder daß jener Dr. Wheeler, der Clel Miller umgebracht hatte, das Skelett des Desperados als Souvenir in seinem Büro aufbewahrte.

Diese Tatsachen sind vergessen, weil sie nichts zur Legende beitragen. Tatsachen können sehr langweilig sein.

Geschichte mit Revolverkugeln haben die Clans gemacht. Clans waren nicht langweilig. Adelaide Younger, die Mutter der Dalton-Brüder, war eine Halbschwester der Younger-Brüder, die wiederum Vettern ersten Grades der James-Brüder waren: Wie man sieht, gab es in jenen Tagen sogar Adel. Wie Könige hielten sie das Plündern, Rauben und Morden für Profit in der eigenen Familie. Doch sie sind Legenden, weil sie anders als Könige sich selbst in Gefahr begaben, selbst an Revolverkämpfen teilnahmen. Sie hatten weder Barone noch Söldner, welche die schmutzige Arbeit für sie übernahmen.

Es hat mich immer amüsiert, daß Bob Ford, der Jesse James ermordet hat, nicht in die Ruhmeshalle der Gunfighter gekommen ist. Die Erklärung ist einfach: Er war der schmutzige kleine Feigling, der seinen Freund in den Rücken schoß. Dieser Akt allein – Jesse James in den Rücken zu schießen – hinderte Bob Ford für immer daran, eine Legende zu werden. Das war scheußlich, unfair und feige. Solche Handlungen werden nie von Mythen- oder Legendenfiguren begangen.

Doch tapfere Taten leben ewig weiter. Das gilt sogar für die »Women's Lib« des alten Westens.

Cattle Annie und Little Britches verkauften den Indianern Whisky und stahlen Vieh und Pferde ...

Belle Starr aus Missouri heiratete das Halbblut Sam Starr. An ihrem 43. Geburtstag wurde sie 1889 in einen Hinterhalt gelockt und getötet. Sie raubte kleine Banken aus, überfiel Postkutschen, stahl Vieh und Pferde ...

Calamity Jane war Armee-Kundschafterin, eine erfahrene Gespannführerin und hervorragende Schützin. Bei der Expedition von General Creek zog sie sich wie ein Mann an. Und sie behauptete, Wild Bill Hickoks Freundin gewesen zu sein.

Pearl Hart arbeitete in den Mining Camps von Arizona, überfiel Postkutschen, wurde gefaßt, eingesperrt, und als sie entlassen wurde, raubte sie sofort einen Zug der neuen New-Mexiko-Arizona-Linie aus ...

Rose of Cimarron brachte ihrem Geliebten George Newcombe alias Bitter Creek durch einen Kugelhagel eine Pistole und Munition. So geschehen 1893 bei einem verzweifelten Revolverkampf zwischen US-Marshals und Mitgliedern der Doolin-Bande. Sie kam zu ihrem Geliebten durch und half ihm bei der Flucht. Romeo und Julia in Oklahoma: Diese Liebesgeschichte ist unsterblich. Das ist der Stoff, aus dem Legenden sind. Wen interessiert es da, wie die Marshals hießen?

Natürlich gab es auch ein paar von den »Guten«, die in die Ruhmeshalle gelangten, Männer auf der richtigen Seite von Gott, Recht und Gesetz. Diese Gesetzeshüter, Sheriffs und Marshals bewegten sich auf jener dünnen Linie, die Gesetz und Verbrechen voneinander trennt. Heck Thomas, einer der »drei Wächter«, George Mowbray, Bud Ledbetter, Bill Tilghman und viele andere wurden auf ihre Art zu Legenden, doch nicht zu jenen aufregenden Legenden, die wir lieben. Sie waren nicht so faszinierend wie Sam Bass oder Bill Longley, weil sie den Blechstern des Gesetzes repräsentierten. Und natürlich konnte sich keine Gruppe von Gesetzeshütern, nicht einmal die von der Presse verhätschelten Texas Rangers, je mit den verwegenen Taten des Wild Bunch messen: Laura Bullion, Bankräuberin; George Parker alias »Butch Cassidy«; der Sundance Kid; Camella Hanks und Pierce Keaton. Sie waren Legende mit Blut und Mut, die »Hole in the Wall«-Bande, verewigt in Gedichten, Balladen, Büchern und Filmen.

Ben Thompson und Wyatt Earp, beide berühmte Gesetzeshüter und Banditen-Killer, kamen in die Ruhmeshalle, weil ihr Leben von Schriftstellern dramatisiert worden ist. Selbst der schwindsüchtige Zahnarzt Doc Holliday aus Virginia wurde wegen seiner Romanze mit »Big Nose« Kate und seinen Schießkünsten beim Gunfight am O. K. Corral unsterblich.

Wenn man die Legende zeigen will, dann sollte man besser nicht auf die unangenehme Tatsache hinweisen, daß sowohl Marshal Earp als auch Sheriff Behan jeweils mehr Anteile an den Profiten der Bordelle und Freudenhäuser von Tombstone wollten, mehr Gewinn aus den Verhaftungen und Steuern. Doch diese Feststellung bedeutet nichts. Sie beschreibt nur den Mann, nicht die Legende. Sie beraubt den Mythos jener Magie, die wir bewahren wollen.

Farbig wird die Rivalität zwischen Earp und Behan allein durch den Kampf am O. K. Corral. Er hat Aktion und Heroismus, hat nichts zu tun mit den dunklen Geschäften in Hinterzimmern, in denen die Profite ausgehandelt wurden.

Ohne Größe können die Legenden keine Legenden sein. Wir sollten sie nicht in Frage stellen.

Los Angeles, April 1973.